LA

CAISSE D'ÉPARGNE,

COMÉDIE-VAUDEVILLE EN TROIS ACTES,

PAR M. CHARLES DESNOYER.

Représentée pour la première fois, sur le théâtre des Folies-Dramatiques, le 29 novembre 1842.

DISTRIBUTION :

GUSTAVE DE SÉNANGES	MM. ALEXANDRE.
CHARLEMAGNE, son ami	BELMONT.
GOURLAUD, vieux professeur	HEUZEY.
JEAN PATUREL	ARMAND-VILLOT.
LUCIE, jeune orpheline	Mmes CH. POTIER.
LA MÈRE GUILLÉ	CLORINDE.
THÉRÈSE, sa fille	MARIA SAINT-ALBIN.
UN DOMESTIQUE	M. DESQUELS.

Le lieu de la scène est au château de Sénanges, au premier et au troisième acte; à Paris, au deuxième acte.

ACTE I.

Le théâtre représente une riche galerie du château de Sénanges, ouverte sur un parc; à gauche, un chevalet sur lequel se trouve un portrait de femme; boîte à couleurs, etc.; à droite, un guéridon avec tout ce qu'il faut pour écrire.

SCÈNE I.

GUSTAVE, CHARLEMAGNE.

(*Au lever du rideau, ils sont à table, au milieu de la scène, et paraissent continuer une conversation.*)

CHARLEMAGNE.

C'est entendu, mon cher Gustave, je suis ton ami... ton ancien camarade de collège, et, surtout, je suis bon enfant... Tu le sais bien !

GUSTAVE.

Parbleu ! voilà quinze ans que je te l'entends dire... En classe, déjà...

CHARLEMAGNE.

En classe, j'étais bon enfant... Je l'étais absolument comme...

GUSTAVE.

Comme tu l'es aujourd'hui; je te rends justice.

CHARLEMAGNE.

Pour en revenir à toi, à ta fortune, elle est, elle doit être immense. Tu as vingt-un ans accomplis depuis plus de quinze jours; il est juste que ton oncle et ta tante te rendent compte des biens que t'a laissés ta mère... Me voilà donc ici dans ton château de Sénanges, en ma qualité d'ami intime et d'homme d'affaires, chargé de faire l'inspection et l'inventaire de tout ce qui t'appartient... Et, suivant mon habitude, pendant que mon clerc, le petit Cascaret, griffonne dans le pavillon... là-bas... moi, je parle ici d'affaires gaiement, et en ingurgitant du champagne.

GUSTAVE.

Comment le trouves-tu ?

CHARLEMAGNE.

Excellent ! Je t'en redemanderai... Je t'en redemanderai encore; maintenant, cher ami, quand tu sauras au juste de combien tu es riche, quel emploi vas-tu faire de ta fortune ?

GUSTAVE.

Mais je veux l'employer à être heureux, si je puis.

CHARLEMAGNE.

Bravo!.. Tu le seras, je m'en charge; tu n'as qu'à me laisser faire, et je te placerai tout cela dans des spéculations certaines, à la bourse!

GUSTAVE.

Non! je ne tiens pas à augmenter ma fortune...

CHARLEMAGNE.

Ah! en vérité; je comprends! Tu ne veux que t'amuser, et tu as peut-être raison. Eh bien, cher ami, je suis encore ton guide, ton conseil, ton mentor, ton cicérone... Je cesse, avec toi, d'être homme d'affaires, pour redevenir le viveur, ton joyeux camarade, le compagnon de tes plaisirs, de tes folies; nous tiendrons table ouverte, nous donnerons des soirées; nous aurons pour maîtresses les plus séduisantes de nos sylphides.... Toutes les lionnes les plus jolies et les plus à la mode. Enfin, je me dévouerai pour toi; je t'aiderai à manger ta fortune... Je suis...

GUSTAVE.

Tu es bon enfant! C'est convenu.

SCÈNE II.

LES MÊMES, THÉRÈSE, *entrant par le fond, et portant des fraises.*

THÉRÈSE.

M. Gustave...

GUSTAVE.

Ah! Thérèse!..

CHARLEMAGNE.

La petite jardinière!

THÉRÈSE.

C'est ma mère qui vous envoie... (*Elle met les fraises, une par une, sur une assiette.*)

GUSTAVE.

Merci, ma bonne Thérèse... merci pour toi et pour elle. Elles sont superbes, tes fraises.

CHARLEMAGNE.

Et tu ne dis rien de celle qui les apporte... avec son petit bonnet et sa petite robe de toile; je l'aimerais mieux, je crois, que toutes les lionnes dont nous parlions tout-à-l'heure.

GUSTAVE.

Tais-toi, et laisse-la tranquille; je le veux... C'est la fille de ma nourrice; enfin, c'est presque une sœur pour moi.

THÉRÈSE, *à part.*

Une sœur!..

GUSTAVE.

Une bonne et naïve enfant, qui n'a aucun rapport avec ces femmes-là... On ne lui prend pas la taille; on ne l'embrasse pas, entends-tu?..

CHARLEMAGNE.

Parfaitement; du moment que ça te contrarie... Je suis bon enfant... Je te redemanderai encore un peu de champagne...

GUSTAVE, *voyant Thérèse reprendre son panier.*

Au revoir, ma petite Thérèse.

THÉRÈSE.

Au revoir, M. Gustave. (*A part.*) Comme il est bon pour moi... Quelle différence avec tous ses amis qui viennent au château!

GUSTAVE.

Eh bien! que fais-tu là?.. Tu te parles toute seule?.. Que te dis-tu?..

THÉRÈSE.

Rien, rien!.. Au revoir, M. Gustave. (*Elle sort par le fond.*)

SCÈNE III.

GUSTAVE, CHARLEMAGNE.

(*Ils quittent la table que deux domestiques emportent.*)

CHARLEMAGNE.

Es-tu fixé pour la vie joyeuse que je te proposais...

GUSTAVE.

Les grands dîners, les bals, et les coulisses de l'opéra?

CHARLEMAGNE.

Oui! qu'en penses-tu?..

GUSTAVE.

Je pense, que je n'en veux pas...

CHARLEMAGNE

Ah! bah!.. je ne te comprends plus... Alors que diable te faut-il donc? Que rêves-tu pour ton avenir?..

GUSTAVE.

Je rêve... et ce sera bientôt une réalité, je l'espère... Je rêve un bonheur bien simple... bien tranquille... Le bonheur à deux, à deux qui se comprennent, et qui s'aiment... Et je ne vois pas pourquoi, avec ma fortune, je n'en jouirais pas tout comme un autre...

CHARLEMAGNE.

En vérité!.. du sentiment, du romanesque... Et quel est l'objet enchanteur?.. Qui sait?.. La petite jardinière, peut-être?

SCÈNE IV.

LES MÊMES, LUCIE, *entre par la gauche.*

GUSTAVE, *apercevant Lucie.*

Non... Silence!... Nous ne sommes plus seuls...

LUCIE.

Pardon, Messieurs, je me retire...

GUSTAVE.

Non, Lucie! non! je vous en conjure; demeurez, et reprenez votre ouvrage. (*Il indique le chevalet.*)

CHARLEMAGNE, *bas.*

Ah! ah! la demoiselle de compagnie... L'artiste... C'est elle! n'est-ce pas?

GUSTAVE.

Oui, mon ami, c'est elle... Est-ce que j'ai tort...

CHARLEMAGNE.

Du tout... du tout... Je te laisse... Au revoir, cher ami... (*Saluant Lucie.*) Mademoiselle...

AIR : Viens, il faut être bien jolie (*Jeunesse orageuse.*)

Pour ces papiers, ces inventaires,
A l'instant je dois m'éloigner;
Je redeviens homme d'affaires,
Tous les jours après déjeûner.
L'amitié sait être discrète,
Aussi je pars; fidèle amant,
Je te ménage un tête à tête :
Tu le vois, je suis bon enfant.

ENSEMBLE.

Pour terminer ces inventaires, etc.

GUSTAVE.

Adieu donc, pour ces inventaires,
Cher ami tu dois t'éloigner,
Car il faut s'occuper d'affaires
Tous les jours après déjeûner.

SCÈNE V.

LUCIE, GUSTAVE.

GUSTAVE.

Croyez-vous, Lucie, que ce soit aujourd'hui la dernière séance?

LUCIE.

Non, je ne suis pas contente de mon ouvrage... Le sujet m'inspire, il est vrai; mais il me rend aussi bien difficile, bien sévère pour moi-même.

GUSTAVE, *regardant le tableau avec émotion.*

Ma mère!... Ma pauvre mère!

LUCIE.

Celle qui a pris soin de mon enfance, et que si souvent nous avons pleurée ensemble.

GUSTAVE.

Celle qui nous a dit à son dernier soupir: mes enfants, vous vous aimez, n'est-ce pas?... Oh! je le sais.... Est-ce qu'on peut tromper le cœur d'une mère?... et je vous pardonne d'avoir manqué de confiance en moi, oui, je vous pardonne; Lucie est digne d'être ma fille, et si le Ciel...

LUCIE.

Elle n'acheva pas!

(*Ils descendent la scène.*)

GUSTAVE.

La mort vint glacer sa voix et nous dérober sa dernière pensée. Mais pouvions-nous nous tromper, ma chère Lucie, et n'était-ce pas un consentement à notre mariage?...

LUCIE.

Vous le croyez, M. Gustave?...

GUSTAVE.

J'en suis sûr...

LUCIE.

Mais ces paroles, nous seuls les avons entendues, et vos parents ne seront pas comme votre mère bons et généreux pour la pauvre orpheline; c'est malgré eux, c'est avec impatience qu'ils me supportent dans ce château... Votre tante surtout, madame la Marquise, auprès de qui j'ai gardé le titre et les fonctions que j'avais autrefois (*elle montre le portrait*) auprès d'elle, demoiselle de compagnie... lectrice!.. Oh! mais quelle différence, jamais une parole d'amitié... Toujours le ton de commandement et le plus froid dédain... aussi pendant ces trois années,

AIR : de l'Angelus.

Oh! comme il m'a fallu souffrir,
Alors, dans ma douleur amère,
J'invoquai, pour me secourir,
La mémoire de votre mère,
Le souvenir de votre mère.
Puis enfin je conçus l'espoir
De vous rendre un jour son image;
J'avais besoin de la revoir
Pour lui demander du courage.

GUSTAVE.

Du courage!... Oh! oui... elle vous annonce par ma voix que vous devez en avoir, que bientôt, Lucie, vous commanderez dans ces lieux où l'on vous opprime, enfin que vous serez ma femme.

LUCIE.

Votre femme!...

GUSTAVE.

Oui, je suis résolu à m'affranchir de l'esclavage que ma famille prétend m'imposer... Je ne suis plus en âge de subir sa tutelle, et ce matin, ce matin même, pendant que, d'une part, Charlemagne, mon homme d'affaires, va lui demander compte de mes biens, d'une autre, mon vieux professeur, le seul confident de notre amour, de toutes nos pensées...

LUCIE.

M. Gourlaud?

GUSTAVE.

Oui, M. Gourlaud doit avoir un entretien avec M. le Marquis et madame la Marquise. Il va leur dire quelles étaient les dernières volontés de ma mère.. il va leur déclarer que je suis résolu à les accomplir.

LUCIE.

Oh! cette entrevue!... mon Dieu!... avec la haine que me porte votre tante, je ne sais ce qui se passe en moi... mais j'éprouve là, une émotion, une frayeur...

GUSTAVE.

Eh bien ! puisque ma voix ne suffit pas pour vous rassurer, adressez-vous donc comme toujours à elle, à votre ouvrage...

LUCIE.

Mon ouvrage... oh ! si ma main tremblait souvent, comme dans cet instant... je perdrais espoir de réussir... (*Elle s'assied et se remet à peindre.*)

GUSTAVE.

Que désirez-vous de plus ?... Cette image est parfaite.

SCÈNE VI.

LES MÊMES, LA MÈRE GUILLÉ, THÉRÈSE, GOURLAUD, PATUREL, *entrant de différents côtés.*

LUCIE.

Vrai, vous trouvez, M. Gustave, que déjà j'ai obtenu un peu de ressemblance...

GUSTAVE.

Dites beaucoup, Lucie... dites que c'est elle, elle-même. Oui, moi, moi son fils qui l'adorais, et qui ai tous ses traits présents à la pensée.. je vous jure que je les retrouve sur cette toile... c'est elle... c'est elle-même, et je crois la voir...

GOURLAUD.

Et moi aussi !...

THÉRÈSE.

Et moi aussi.

PATUREL.

Et moi aussi.

LA MÈRE GUILLÉ.

Et moi itou !

CHOEUR.

AIR : de la Lectrice.

Comme il lui ressemble ;
Pour nous quel trésor !
Vraiment elle semble
Respirer encor.

LA MÈRE GUILLÉ.

Oh ! oui, c'est bien elle, et j'en pleurons de joie !...

PATUREL.

Bonjour, madame la Comtesse, bonjour... Toutes les fois que je vous revois le matin, ça me donne du cœur à l'ouvrage pour toute la journée. Allons à la besogne... faut que j'aie fini cette bois'rie là pour ce soir... vous permettez, M. le Comte ?... (*Il va travailler à un établi placé au fond dans le parc.*)

GUSTAVE.

A ton aise, mon garçon.

THÉRÈSE, *à elle-même.*

Oui, c'est elle ! si bonne, elle qui nous a fait tant de bien à tous... Je m'en souviens encore, la ferme de mon père avait été détruite par un incendie... c'est elle qui l'a fait relever... qui nous a sauvé de la misère... Ah ! je ne suis pas assez heureuse pour que ce portrait m'appartienne jamais.

GOURLAUD.

Hein !... que dit-elle ?...

THÉRÈSE.

Si je pouvais trouver un moyen de me le faire donner.

LA MÈRE GUILLÉ.

Tais-toi donc, not' fille, on te regarde, on t'écoute.

GOURLAUD.

Voyez-vous ! voyez-vous, la petite ambitieuse !... Toujours avide de ce qui n'est pas à elle... et ne doit jamais être à elle... c'est son caractère.

LA MÈRE GUILLÉ.

Qu'est-ce qu'il a donc contre ma fille, le vieux père Gourlaud ? Il l'agonit toujours.

GUSTAVE.

En effet, mon cher professeur... vous voilà encore avec vos préventions contre notre pauvre Thérèse... Vous, si bon avec tout le monde... on dirait que vous l'avez prise en défiance... en haine, même ; et vous voyez du mal dans la moindre de ses paroles, ou de ses actions...

PATUREL, *quittant son ouvrage.*

C'est vrai, au fait ; pourquoi ça ?

GOURLAUD.

Pourquoi ?... parce que j'ai la vanité d'être physionomiste.

GUSTAVE.

Et phrénologue.

PATUREL.

Phréno... quoi ?...

GOURLAUD.

Phrénologue...

PATUREL.

Ah !... Je n' comprends pas.

GUSTAVE.

Oui, vous êtes un des plus fermes prosélytes du docteur Gall... Par l'inspection seule des protubérances de la tête, vous devinez quel est le caractère de chacun, quelles sont ses passions, bonnes et mauvaises, et vous allez presque jusqu'à prédire son avenir...

GOURLAUD.

Oui, riez, riez, jeune homme. Je vous dis, moi, que je ne me suis jamais trompé !

GUSTAVE.

Jamais ?

GOURLAUD.

Non, jamais, monsieur l'incrédule... Chez vous, mon élève, cette protubérance décèle une haute capacité, une intelligence du premier ordre, et, plus loin, celle-ci, encore plus en saillie que l'autre, annonce que vous avez une certaine facilité à vous laisser conduire, dominer par une volonté étrangère.

GUSTAVE.

Comment, monsieur !

GOURLAUD, *à demi-voix.*

Il n'y a pas de mal, tant que cette volonté sera la mienne, ou celle de votre femme. (*Il désigne Lucie.*)

GUSTAVE, *bas.*

Ma femme!... Eh! bien, mon cher professeur, avez-vous parlé?...

GOURLAUD.

A votre tante? pas encore; mais je lui ai fait demander un entretien, et j'attends qu'elle soit visible.

PATUREL, *présentant sa tête à Gourlaud.*

Et moi, not' maître, j'ai t'y la bosse de quelques petites vertus, sans vous commander?

GOURLAUD.

Toi, mon garçon, la forme de ton crâne me dénote que tu es d'une extrême simplicité.

PATUREL.

Ah! bah!... je suis le plus futé et le plus avisé du village.

GOURLAUD.

Ensuite, attends un peu, Jean Paturel.

PATUREL.

Faites votre affaire... Un médecin ne peut pas vous dire votre maladie sans vous tâter le pouls.

GOURLAUD.

Amour du travail.

PATUREL.

C'est vrai.

GOURLAUD.

Amour de l'ordre et de l'économie, tempéré par l'amour de la boisson.

PATUREL.

C'est encore vrai; j'aime à boire du petit blanc...

GOURLAUD.

Amour excessif du beau sexe.

PATUREL, *regardant amoureusement Thérèse.*

Oh oui! oh oui!...

GOURLAUD.

Amour des enfants en bas âge...

PATUREL, *même jeu.*

Oh oui! oh oui!... j'adore les petits enfants!... Cristi! si j'en avais quelques uns à moi, bien à moi, comme je les aimerais.

LA MÈRE GUILLÉ.

Et moi, j' sommes curieuse de savoir ce que j'avons dans la tête.

GOURLAUD.

Vous, mère Guillé... (*On sonne.*)

LA MÈRE GUILLÉ.

Ah! c'est madame la Marquise qui appelle.

PATUREL.

Diable! elle n'est pas de bonne humeur à c' matin, la bourgeoise... (*On sonne de nouveau.*) A quoi pensent donc les domestiques, que personne ne lui répond...

THÉRÈSE.

Je vais savoir ce qu'elle veut. (*Elle sort à droite.*)

LUCIE.

Gustave!... je meurs d'effroi!...

GUSTAVE.

Rassurez-vous.

SCÈNE VII.

LES MÊMES, *excepté* THÉRÈSE.

LA MÈRE GUILLÉ, *à Gourlaud qui lui palpe la tête.*

Eh! bien, quand vous aurez fini de me tapoter comme ça.

GOURLAUD.

Silence!... Il y a là deux protubérances excessivement saillantes... et voisines l'une de l'autre: celle de l'amour maternel et celle du désordre dans les idées... de l'extravagance, tranchons le mot, de la folie...

LA MÈRE GUILLÉ, *avec effroi.*

De la folie!... Ah! mon Dieu! où ça?

GOURLAUD.

Folie!

LA MÈRE GUILLÉ.

Où ça?

GOURLAUD.

Là, deux fois plus grosse que la première!

LA MÈRE GUILLÉ.

Là! c'est mon chignon, mon brave homme! A la bonne heure donc! ça m'avait fait une souleur!..

PATUREL.

Dites donc un peu, Monsieur le savant, est-ce que vous voyez aussi clair dans votre tête que dans celle des autres.

GOURLAUD.

Parfaitement, peut-être encore plus clair.

LA MÈRE GUILLÉ.

Ah! bah!

GOURLAUD.

AIR : Vos yeux disaient tout le contraire.

J'ai la bosse de la bonté,
J'ai la bosse de la science,
La bosse de la loyauté
Et la bosse de la prudence.
J'ai celle du tact et du goût,
De plus celle de l'énergie,
De la grandeur d'ame... et surtout
J'ai celle de la modestie.
Oui, mes chers amis, j'ai surtout,
La bosse de la modestie.

(*Thérèse rentre.*)

SCÈNE VIII.

LES MÊMES, THÉRÈSE.

GUSTAVE, *allant prendre Thérèse par la main.*

Enfin, mon cher professeur, pour achever votre

cours de phrénologie... cette petite, ma sœur de lait, qu'en dites-vous?

GOURLAUD *avec dédain*

Mademoiselle Thérèse !...

TOUS.

Oui, Thérèse. (*Gourlaud lui prend la tête.*)

THÉRÈSE.

Qu'est-ce que c'est que ça, que me voulez-vous donc ?

GOURLAUD.

Ah ! mon dieu !...

LA MÈRE GUILLÉ.

Quoi !...

PATUREL.

Plait-il ?...

LUCIE et GUSTAVE.

Qu'avez-vous ?...

THÉRÈSE.

Est-ce que je vous fais peur ?...

GOURLAUD.

Non, rien, rien, ce n'est rien, cette jeune fille est pleine d'esprit et de finesse ; elle peut arriver à tout, et je lui prédis un grand avenir, un très-grand avenir.

PATUREL.

Vraiment !...

LA MÈRE GUILLÉ.

Quel bonheur !... Je savions ben que not'fille irait loin, moi qui rêvons toutes les nuits !...

PATUREL.

Quoi ?..

LA MÈRE GUILLÉ.

Rien...

GOURLAUD .(*bas à Gustave.*)

Je ne m'étais pas trompé, elle a quatre protubérances effrayantes, ambition, avidité, coquetterie... fourberie !...

THÉRÈSE (*s'approchant.*)

Monsieur Gourlaud.

GOURLAUD.

Hein ! plait-il ? elle me fait tressaillir quand elle m'approche...

THÉRÈSE.

Madame la Marquise est prête à vous recevoir... elle vous attend.

GOURLAUD.

Ah ! la Marquise.

LUCIE.

O ciel !...

GUSTAVE.

Ma tante ! allez, allez, mon cher professeur, moi, je vais rejoindre Charlemagne, et dans un instant je viens savoir votre réponse... Eh bien ! vous hésitez !... avez-vous peur de vous trouver en face de ma tante ?...

GOURLAUD.

Du tout, du tout... je n'ai pas peur, par exemple ! mais j'ai besoin de me rappeler que j'ai la bosse du courage.

LUCIE et GUSTAVE.

A bientôt.

GOURLAUD.

A bientôt...

ENSEMBLE.

AIR : Dors en paix, ma bonne Grand' Mère.

GOURLAUD.

Oui, la frayeur vient de me prendre,
Et j'en suis encor tout saisi ;
Mais bientôt je viens vous apprendre
Que pour tous deux j'ai réussi.

LUCIE ET GUSTAVE.

Cet effroi ne peut me surprendre,
Dans mon cœur je l'éprouve aussi ;
Mais bientôt puissions nous apprendre
Qu'enfin vous avez réussi.

LES TROIS AUTRES.

Quelle frayeur vient de le prendre,
Il en est encor tout saisi :
A quoi donc faut-il nous attendre,
Et qui peut le troubler ainsi.

SCÈNE IX.

THÉRÈSE, LA MÈRE GUILLÉ, PATUREL.

LA MÈRE GUILLÉ.

Un grand avenir, un très-grand avenir... oh ! le savant homme.

THÉRÈSE.

Mais parlait-il sérieusement, ma mère...

LA MÈRE GUILLÉ.

Très sérieusement !... et moi qui rêvons toutes les nuits...

PATUREL.

Mais nous v'là seuls, mère Guillé et vous mademoiselle Thérèse.

THÉRÈSE.

Ah ! c'est vrai... tu étais là, Paturel...

LA MÈRE GUILLÉ.

Je n'y songeais pas...

THÉRÈSE.

Et moi je n'y faisais pas attention.

PATUREL.

Merci, vous êtes bien bonne... Oui, c'est vrai, je suis là et j'en suis pas fâché, nous pourrons causer un brin... ça me fait tant de plaisir de causer avec vous, mère Guillé, et vous mamselle Thérèse...,

THÉRÈSE.

Qu'as-tu à nous dire, mon bon ami ?..

PATUREL (*à part.*)

Mon bon ami,...elle m'a appelé son bon ami... oh ! si j'osais la traiter de la même manière moi... et l'appeler ma b... Mais je n'ose pas.

THÉRÈSE.

Parle donc ?...

PATUREL

M'y v'là... ce que j'ai à vous dire ? que vous me connaissez depuis mon enfance, mère Guillé, et vous aussi, mamselle Thérèse, puisque nous avons été quasi élevés ensemble au village... vous à la ferme, et moi au moulin d'en face... que quand nous n'étions pas plus haut que ça, j'allais vous gauler des noix et vous dénicher des merles et quelquefois vous aider à cueillir des cerises... ah! s'amusait-on dans ce tems-là!... Dieu de Dieu, s'amusait-on!... Enfin, vous savez que je suis un bon sujet, un bon menuisier... pas faignant... toujours le cœur et la main à la varlope et au rabot... pourquoi?... parce que je me dis que le temps marche vite, et qu'il faut songer à l'avenir... qu'on n'aura pas toujours à penser qu'à soi seul... qu'on aura une femme et des enfants... des enfants et une femme... pas vrai donc, mademoiselle Thérèse?

THÉRÈSE.

Oui, mon ami, continue.

LA MÈRE GUILLÉ.

C'est juste; va donc, Paturel...

PATUREL.

Je vas, mère Guillé... je vas... Elle ne comprend pas. (*Haut.*) Et alors... c'est ce qui me fait triompher de moi-même, c'est ce qui m'empêche d'aller faire le dimanche et le lundi au cabaret avec les autres ouvriers du village. Aussi, je commence à faire des économies...

THÉRÈSE.

Vrai!..

PATUREL.

Jour par jour je mets quelque chose de côté dans une tirelire, et tous les mois un ami va me placer ça à Paris, à la Caisse d'épargne, et ça grossit petit à petit...

THÉRÈSE.

Tu as raison; de l'ordre, de l'économie, du travail, c'est bien, c'est très-bien, mon bon Paturel...

PATUREL, *à part.*

Son bon Paturel, allons, hardi! hardi!.. (*Haut.*) Et quand la somme que j'amasse sera un peu plus...

LA MÈRE GUILLÉ.

Conséquente...

PATUREL.

C'est ça, conséquente... Je pourrai dire des choses.

LES DEUX FEMMES.

Des choses...

PATUREL.

Que je suis obligé... obligé de retenir dans ce moment-ici...

TOUTES DEUX.

Quoi donc?

PATUREL.

Quoi donc?.. (*A part.*) J'ose pas encore... Animal!..

TOUTES-DEUX.

Après?

PATUREL.

Rien, rien; ça viendra peut-être... Ça viendrait même assez vite si, au lieu de rester dans notre endroit, je pouvais aller travailler dans la capitale... je trouverais là un patron, un ancien ami de mon père, qui ne demande qu'à m'être utile, à faire de moi son premier compagnon, son associé même; et, en dix-huit mois, je serais plus avancé qu'en cinq ou six ans peut-être au pays.

LA MÈRE GUILLÉ.

Alors, pourquoi...

THÉRÈSE.

Oui, pourquoi?

PATUREL.

Ah! dam!.. pourquoi? c'est ce que je me demande tous les jours. Mais, voyez-vous...

AIR : Quand les pierrots du voisinage (*Tirelire*).

Quand j' songe à quitter ce village,
Où nous fûm' élevés tous les deux,
J' sens je n' sais quoi qui m' décourage,
Et j' reste cloué dans ces lieux!
Et pourtant, Paris, je le gage,
M' conviendrait cent fois davantage;
Dit's-moi donc c' qui m'arrête ici?

THÉRÈSE

J' vas te l' dir', mon ami:
C'est le souvenir de ta mère,
Qui dans ces lieux a de quoi t' plaire..

PATUREL.

Oui, j'y pens' souvent, j'en convien;
Mais c'est aut' chos' qui me retient!

DEUXIÈME COUPLET.

THÉRÈSE.

C'est donc l'amour de la campagne.

PATUREL.

Non mam'sell', j' la sais trop par cœur.

LA MÈRE GUILLÉ.

Notr' forêt et notre montagne.

PATUREL.

Ce n'est pas ça, ma parol' d'honneur.

THÉRÈSE.

De nos côteaux c'est la verdure!

LA MÈRE GUILLÉ.

De nos ruisseaux c'est le murmure;
J'ai d'viné, n'est-c' pas, mon garçon?

PATUREL.

Oh! que non! (*bis*).
Non, je n' tiens pas à la verdure;
Des ruisseaux au diabl' le murmure!
Tout ça m'embêt', je le sens bien,
Et c'est autr' chos' qui me retient!

THÉRÈSE.

Mais, enfin, quoi donc?

PATUREL.

Quoi!.. c'est... j'peux pas le dire... ça viendra peut-être; mais à présent je peux pas... (*A part.*) Je croyais qu'elle l'aurait deviné.

THÉRÈSE.

Et, suivrais-tu le conseil que je te donnerais?..

PATUREL.

Savoir lequel de conseil?..

THÉRÈSE.

Eh bien! mon ami! mon cher Paturel...

PATUREL, *à part.*

Oh! son cher Paturel!..

THÉRÈSE.

Tu as tort, très-grand tort... Il n'y a pas de raison qui doive t'empêcher... de songer à ton avenir, à ta fortune. Il faut aller à Paris. Il faut y aller tout de suite.

PATUREL.

Ah ! il faut...

LA MÈRE GUILLÉ.

Oui, mon garçon, elle a raison not' fille, toujours raison ; il faut y aller...

THÉRÈSE.

Je te le conseille ; et tu sais comme je t'aime.

PATUREL.

Oui... comme vous m'aimez ; je vois ça...

THÉRÈSE.

De loin, tu nous donneras de tes nouvelles, tu nous écriras, et peut-être qu'un jour tu nous annonceras que tu es tout-à-fait établi, que tu as fait là-bas un bon mariage.

LA MÈRE GUILLÉ.

Ça nous fera plaisir.

PATUREL.

Ah ! ça vous fera plaisir ; à vous aussi, mamselle Thérèse ?

THÉRÈSE.

A moi surtout ! je te veux tant de bien !

PATUREL.

Merci !..

THÉRÈSE.

N'est-ce pas, Paturel, que tu suivras les conseils de ta meilleure amie ?

PATUREL.

Ma meilleure amie !.. J'peux pas, mamselle Thérèse, j'peux pas m'en aller... je manquerai ma fortune, mon avenir : je resterai peut-être gueux toute ma vie... Enfin, je continuerai, ici, d'être le plus malheureux des hommes, mais j'peux pas m'en aller. Adieu, mamselle Thérèse !.. (*Il sort.*)

SCÈNE X.

THERÈSE, LA MÈRE GUILLÉ.

THÉRÈSE.

Qu'est-ce qu'il a donc, le pauvre garçon ? il m'a fait de la peine.

LA MÈRE GUILLÉ, *à part.*

Ce qu'il a, je m'en doutons bien un peu, mais je n'voulons pas le comprendre... j'ons d'autres idées pour not' fille.

THÉRÈSE.

Qu'est-ce que vous dites, ma mère ?

LA MÈRE GUILLÉ.

Moi, je me répétons ce que disait tout-à-l'heure ce brave homme de père Gourlaud ; tu sais bien sa prédiction ?...

THÉRÈSE.

Un grand avenir, oui ; c'est aussi ce que je me suis dit quelquefois...

LA MÈRE GUILLÉ.

Et moi donc, je rêvons toutes les nuits...

THÉRÈSE.

Oh ! mon rêve à moi, ma mère, mon rêve, que j'ai fait souvent tout éveillée... est trop beau, trop magnifique, pour que j'ose vous le dire..... pour que j'ose me l'avouer à moi-même...

LA MÈRE GUILLÉ.

Pourquoi ça ?... parle donc... Un grand avenir..

THÉRÈSE.

Mon avenir, c'est de suivre l'exemple de ce bon Paturel : de travailler et de faire comme lui des économies ; une vieille fille en a besoin...

LA MÈRE GUILLÉ.

Une vieille fille ; t'as dix-huit ans !...

THÉRÈSE.

Mais, je vieillirai, et je ne me marierai jamais...

LA MÈRE GUILLÉ.

Par exemple ! coiffer Sainte-Catherine quand on est gentille comme toi...

THÉRÈSE.

Oh ! mais c'est que j'aurai beau faire, je ne serai jamais assez riche, assez brillante pour épouser celui que j'aimerais, et alors il vaut mieux rester fille...

LA MÈRE GUILLÉ.

Celui que t'aimerais ; mais qui donc ça ? mon Dieu ! qui donc ça ?...

THÉRÈSE.

Eh ! bien, nous sommes seules, celui qui ressemble tant à sa mère... (*Elle montre le portrait.*)

LA MÈRE GUILLÉ.

Mon nourrisson !.. ton frère de lait !..

THÉRÈSE.

Silence !.. il pourrait nous entendre.

AIR : La danse n'est pas ce que j'aime.

Oui, c'est lui, c'est lui seul que j'aime !..
Et tout mon secret, le voilà ;
Vous qui seule saurez cela,
Vous qui voyez ma peine extrême,
Défendez-moi contre moi-même,
Mais surtout grondez-moi tout bas !..
Tout bas, tout bas, tout bas, bien bas !
Ma mère, hélas !
Grondez tout bas !
Pour qu'il n'entende pas !..

LA MÈRE GUILLÉ.

Te gronder... Mais, ma chère enfant, faudrait donc commencer par me bougonner moi-même ; car, vois-tu, c'est aussi là mon rêve...

THÉRÈSE.

Comment ! que dites-vous ?... (*Gourlaud rentre.*)

SCÈNE XI.

LES MÊMES, GOURLAUD.

LA MÈRE GUILLÉ.

Oui, plus d'une fois je me sommes réveillée en sursaut au moment où je t'entendions appeler m'ame la comtesse long comm' le bras.

GOURLAUD, *reparaissant à droite.*

Madame la comtesse!

LA MÈRE GUILLÉ.

Ou bien j'étions à l'église... en grande dissime toilette, en robe de velours d'Afrique et en bernous... et j'assistions à ton mariage avec M. Gustave.

THÉRÈSE.

Avec lui!..

GOURLAUD, *se montrant.*

Avec lui! avec mon élève!

LA MÈRE GUILLÉ ET THÉRÈSE.

Ah! M. Gourlaud!..

GOURLAUD.

Que l'on dise encore que je me trompe, qu'il ne faut pas croire aux physionomies: d'un côté la plus incroyable extravagance!.. de l'autre!..

THÉRÈSE.

M. Gourlaud, je vous en prie, silence! Le voici.

GOURLAUD.

Mon élève! ah! vous êtes bien heureuse que je ne veuille pas parler devant lui, sans cela...

SCÈNE XII.

LES MÊMES, GUSTAVE.

GUSTAVE, *bas.*

Eh bien! mon cher professeur?

GOURLAUD, *aux deux femmes.*

Sortez!.. Je désire être seul avec... avec M. le comte Gustave de Sénanges. Mère Guillé, et vous, fille Guillé, sortez.

GUSTAVE.

Quel air solennel... et que signifie?

THÉRÈSE.

AIR : Valse de Giselle.

Venez, ma mère, et fuyons sa colère,
Je souffre trop, et mon cœur éperdu,
Bat de frayeur, et cependant j'espère,
Que lui, du moins, lui n'a rien entendu...

GOURLAUD.

Je veux rester seul avec mon élève;
Qu'attendez-vous?

LA MÈRE GUILLÉ.

M'sieur l'docteur, on s'en va...
Mais c'est égal, j' somm's ben sûr que mon rêve,
Malgré tout l' mond', un jour s'accomplira.

REPRISE.

GOURLAUD.

Allons, partez, redoutez ma colère;
Porter si haut ses désirs, qui l'eût cru!
Pour cet enfant, puis-je être trop sévère...
Sortez, enfin, m'avez-vous entendu?

GUSTAVE.

Qu'avez vous donc, pourquoi cette colère?
Comme elle tremble et quel air abattu!
Pour cet enfant, vous êtes trop sévère,
Et la douceur n'est pas votre vertu.

LA MÈRE GUILLÉ.

Ne tremble pas, qu'importe sa colère?
Calme l'effroi de ton cœur éperdu!
Monsieur l'docteur, vous êtes trop sévère,
Et la douceur n'est pas votre vertu.

SCÈNE XIII.

GOURLAUD, GUSTAVE.

GUSTAVE.

Eh bien! les avez-vous vus? leur avez-vous parlé?

GOURLAUD.

Certainement, je leur ai parlé, et de la bonne manière!

GUSTAVE.

Et qu'a répondu ma tante?

GOURLAUD.

Elle a répondu que vous aviez vingt-un ans, et que vous étiez parfaitement libre et maître de votre fortune et de toutes vos actions...

GUSTAVE.

Oh! merci, merci, mon cher professeur...

GOURLAUD.

Il n'y a pas de quoi.

SCÈNE XIV.

LES MÊMES, LUCIE *entrant.*

GUSTAVE.

Venez, Lucie, venez avec moi lui témoigner votre reconnaissance.

GOURLAUD.

Je vous dis qu'il n'y a pas de quoi.

GUSTAVE.

Si fait, il a décidé mon oncle et ma tante... il a obtenu leur consentement.

GOURLAUD.

Je n'ai pas dit cela.

GUSTAVE.

Comment?

GOURLAUD.

Je vous ai rapporté les paroles de madame la Marquise.

GUSTAVE.

Eh bien?

GOURLAUD.

Elle a déclaré que vous étiez maître de toutes vos actions... de toutes, excepté une seule : le mariage ; pour cela seulement, vous ne pouvez vous soustraire à sa tutelle, et à celle de son mari pendant quatre ans encore...

LUCIE *et* GUSTAVE.

Quatre ans !..

GUSTAVE.

Mais vous ne lui avez donc pas dit, Monsieur, que ce mariage c'était le vœu de la comtesse de Sénanges... et que la volonté de mes tuteurs, lorsqu'il s'agit du bonheur de toute ma vie, ne devait pas l'emporter sur celle de ma mère.

GOURLAUD.

Si fait, je lui ai dit tout cela.

GUSTAVE.

Eh bien ?

GOURLAUD.

Eh bien, elle ne m'a rien répondu.

GUSTAVE.

Rien...

GOURLAUD.

Mais elle m'a remis cette lettre.

GUSTAVE, *la voyant.*

De ma mère.

LUCIE.

De ma bienfaitrice.

GOURLAUD.

Oui. Lisez, lisez, mademoiselle, ce qu'elle écrivait à M. le Marquis, quelques jours avant sa mort.

LUCIE.

« Mon frère, je vous écris pour la dernière » fois, sans doute, car vainement on cherche à » m'abuser ; je sens bien que tous les secours » de l'art ne parviendront pas à prolonger ma » vie, et je vais mourir frappée d'une pensée » qui me désespère : Lucie, cette jeune orphe- » line que j'ai élevée, et que j'ai chérie comme » ma fille... Lucie est aimée de Gustave, et ce- » pendant il est impossible, mon frère, que nous » consentions jamais à ce mariage. »

GUSTAVE.

Impossible !..

LUCIE.

« Gustave ne devrait pas l'avoir oublié, il y » a un engagement fait entre notre famille et » celle de mademoiselle Clotilde de Moranges, » la fille d'un des compagnons d'armes de mon » mari. »

GUSTAVE.

O ciel ! je me souviens, en effet... que mon père... Oui, Clotilde, de Moranges !

GOURLAUD.

Continuez, Mademoiselle.

LUCIE.

« Cet engagement, ce n'est pas à nous qu'il » appartiendra jamais de le rompre ; et si, un » jour, mes prévisions devaient se réaliser... si » mon fils venait vous confier à vous, son tu- » teur, cet autre projet que je redoute, alors, » mon frère, remettez-lui, et surtout remettez » à Lucie cette lettre ; c'est ma dernière vo- » lonté... Non, c'est ma dernière prière : Lu- » cie, ceux qui me survivront, reçoivent de » moi la mission d'assurer ton avenir... Mais, » ne l'oublie pas, au nom du ciel, fais qu'après » ma mort, une parole donnée par moi, et par » mon époux, soit fidèlement remplie... Une » autre que toi doit être la femme de mon fils.

GUSTAVE.

Une autre !..

LUCIE.

Une autre, mon Dieu ! Vous lisez dans mon cœur, et vous savez combien je vais souffrir... Mais c'est elle, elle qui me le demande ; elle l'a dit : c'est sa dernière prière. J'obéirai, mon Dieu !.. J'obéirai.

GUSTAVE.

Que dites-vous, Lucie !..

GOURLAUD.

Bien ! c'est bien, Mademoiselle... vous êtes une noble et vertueuse fille, et je le proclame, vous seule, au monde, méritiez d'être la femme de mon élève...

LUCIE.

Sa femme !.. C'est mademoiselle Clotilde de Moranges.

GUSTAVE.

Jamais ! jamais !..

LUCIE.

Il le faut !

GOURLAUD.

Oui, il le faut... Madame la Marquise vient de me déclarer, en outre, Mademoiselle, qu'il était convenable à vous ; pardon, je suis forcé de vous dire ces paroles... qu'il était convenable de ne pas demeurer longtemps encore au château de Sénanges.

LUCIE.

Ah !..

GUSTAVE.

Ce château, mais il est à moi, à moi seul !.. j'y suis maître ; et vous n'en sortirez pas, Lucie...

LUCIE.

J'en sortirai aujourd'hui, aujourd'hui même, M. le Comte. Du moment où je suis ici chez vous... et non plus chez madame la Marquise... je dois partir.

GUSTAVE.

Partir...

GOURLAUD.

Elle a raison !.. C'est un devoir... et, du reste, madame la Marquise... a encore ajouté que, pour remplir les intentions de sa sœur, elle ne vous abandonnerait pas, et que son notaire, au reçu de ce papier, qui vous assure une pension honorable...

LUCIE.

Donnez, Monsieur, j'ai pu tout accepter de ma noble bienfaitrice, de votre mère, M. Gustave... même quand sa volonté aurait brisé mon cœur, sa bonté, du moins, aurait su adoucir le sacrifice qu'elle exigeait de moi... Mais les secours, les aumônes de votre tante, lorsqu'elle me repousse, lorsqu'elle me chasse, sont un outrage, et je les refuse. J'irai à Paris, je travaillerai... Oui, ces talents que m'a fait donner votre mère, mes pinceaux, pourront suffire à mon existence... Adieu, M. le Comte, adieu...

GUSTAVE.

Lucie, je vous en conjure... écoutez-moi.

SCÈNE XV.

LES MÊMES, CHARLEMAGNE.

CHARLEMAGNE.

Cher ami! l'inventaire est terminé.

GUSTAVE.

Ah! Charlemagne...

GOURLAUD.

L'homme d'affaires!

GUSTAVE, *à part.*

Au diable! je suis bien en train de l'écouter...

CHARLEMAGNE.

Je te remets tous ces papiers, tous les titres de ta fortune. Tu peux, si tu le veux, réaliser un capital de 750,000 francs; et, quoi que tu veuilles en faire, tu sais que je suis toujours à tes ordres...

GUSTAVE.

Eh bien! Mademoiselle! un instant encore; demeurez, je vous en conjure. Si, à vingt-un ans, je n'ai pas le droit de disposer de ma main, la loi, du moins, madame la Marquise est forcée d'en convenir, la loi me donne le droit de disposer de ma fortune, et je veux, à l'instant, à l'instant même, Charlemagne, en faire une donation entière à mademoiselle Lucie.

GOURLAUD.

Plait-il?..

CHARLEMAGNE.

Que dit-il donc?

LUCIE.

Votre fortune, à moi!.. à moi qui ne puis être votre femme; pour que ma conduite donne raison à votre famille, pour que madame la Marquise puisse dire enfin... qu'il y a de justes motifs à sa haine et à son mépris pour moi... Vous n'y avez pas songé, M. le Comte... Et vous ne voudriez pas renouveler de pareilles offres à la protégée de votre mère.

AIR : d'Aristippe.

Devant leur courroux je m'incline,
Et de ces lieux ils peuvent m'arracher;
Mais sans pitié, s'ils frappent l'orpheline,
Ils n'ont rien à lui reprocher!
Ils n'ont rien à me reprocher.
Je me résigne, et quand tout m'abandonne,
De ce château, lorsque je vais sortir,
Je souffrirai, je le sens; mais personne
N'aura le droit de me faire rougir,
Mon front, du moins, n'aura pas à rougir.

Avant une heure, je serai loin d'ici, et j'aurai dit à ce séjour, où votre mère a élevé mon enfance, où j'ai reçu avec vous son dernier soupir, un éternel adieu. (*Elle sort à gauche.*)

SCÈNE XVI.

LES MÊMES, excepté LUCIE.

GOURLAUD.

Je suis tout ému; je l'approuve, et je l'admire.

CHARLEMAGNE.

Je l'admire, mais je ne l'approuve pas; refuser une donation de 750,000 fr., elle est encore plus folle que celui qui la lui offrait...

GUSTAVE.

Ah! l'on prétend me tyranniser, me traiter en esclave; je prouverai qu'on se trompe... Une seule chose me retenait dans ce vieux et gothique manoir; elle part!.. et moi aussi je partirai...

GOURLAUD.

Il partira! En voici bien d'une autre!..

GUSTAVE.

A Paris, a-t-elle dit! c'est là qu'elle va chercher, dans son travail, un refuge contre l'orgueil de ma famille. Eh bien! j'y serai avant elle; viens, Charlemagne, partons...

CHARLEMAGNE.

A l'instant.

GUSTAVE.

Joseph! Joseph! qu'on mette les chevaux à la berline.

GOURLAUD.

La berline! ah ça mais décidément la tête n'y est plus... partie!.. déménagée!

CHARLEMAGNE.

C'est vrai! Tu deviens fou, cher ami, mais c'est égal, je ne te quitte pas, et je t'apprendrai du moins à prendre ton mal en patience... à jouir de la vie, et à oublier tes amours; je suis bon enfant.

GOURLAUD, *à part.*

Oui, bon enfant... démon tentateur, va!.. O mon pauvre élève, eh! bien! qu'est-ce qu'il fait?

GUSTAVE, *écrivant sur le guéridon à droite.*

« Monsieur le Marquis et Madame la Marquise, je me révolte et je saurai bien malgré vous, malgré toute ma famille, parvenir à faire ma volonté... rien que ma volonté... Adieu, pour jamais, je vais à Paris.»

GOURLAUD.

A Paris! Il y tient...

CHARLEMAGNE.

C'est cela, monsieur Gourlaud aura la complaisance de remettre ce billet. (*Il le lui donne.*)

GOURLAUD.

Moi!.. mais, mon cher élève...

GUSTAVE.

Adieu, adieu mon cher professeur.

CHARLEMAGNE.

Air du Triolet bleu.

A Paris ! A Paris !
C'est le roi des pays !
Nous partons, et bientôt, pour toi plus d'esclavage,
A Paris, à Paris !
Mettons-nous en voyage,
Oui, mon cher, il le faut, courons vite à Paris.
C'est un monde nouveau qui pour toi va s'ouvrir;
Un pays de Cocagne, hâtons-nous d'y courir !
Viens, et si la richesse à de quoi te lasser,
Chacun s'empressera de t'en débarrasser.

ENSEMBLE.

GOURLAUD.

A Paris! à Paris!
Cet infernal pays!
Me l'enlève à jamais, ah! pour moi quel outrage,
C'en est fait, il me quitte, il se met en voyage,
Malheureux! je ne puis le poursuivre à Paris.

GUSTAVE.

A Paris! à Paris!
C'est le roi des pays!
Nous partons et bientôt pour moi plus d'esclavage,
Adieu cher professeur, je me mets en voyage,
Je veux courir le monde et je vais à Paris.

(Ils sortent par le fond.)

SCÈNE XVII.

GOURLAUD *(seul).*

Mon élève ! mon cher Gustave !.. Monsieur le Comte de Sénanges. Il ne m'entend plus! Il m'abandonne lui, lui que je n'avais pas quitté depuis quinze ans !.. Ah mon dieu ! La berline est prête déjà... Et voilà cet enragé de Charlemagne qui aide le domestique à ranger les paquets ; il a peur qu'on ne parte pas assez vite... Charlemagne, ou plutôt le diable en personne, oui le diable qui a juré de corrompre, de pervertir mon pauvre Gustave... et pas un bon ange auprès de lui pour le protéger... pour le défendre... Si fait il y en aura un... il y en aura un. *(écrivant.)* « Monsieur le Marquis et madame » la Marquise, il serait moins difficile de sépa» rer l'arbre de l'écorce, la lionne de son lion» ceau, que le vieux professeur de son élève... » Adieu pour jamais, je vais à Paris. »

SCÈNE XVIII.

GOURLAUD, LA MÈRE GUILLÉ, THÉRÈSE, *entrant sur les derniers mots.*

LES DEUX FEMMES.

A Paris!

GOURLAUD.

Ah ! mademoiselle Thérèse, je suis fâché d'avoir à vous demander un service, mais il le faut, vous remettrez ces deux lettres à madame la Marquise...

THÉRÈSE.

Ces deux lettres...

GOURLAUD.

Adieu, fille Guillé, adieu !...

THÉRÈSE.

Air précédent.

Vous partez...

GOURLAUD.

Oui, je pars.

THÉRÈSE.

Aujourd'hui ?

GOURLAUD.

Dans l'instant.

THÉRÈSE.

A Paris ?

GOURLAUD.

A Paris où le diable m'attend !

TOUTES DEUX.

Le diable !

GOURLAUD.

Ange gardien, moi je dois aujourd'hui
Y courir de ce pas, pour lutter avec lui.

ENSEMBLE.

GOURLAUD.

A Paris ! à Paris.
Je quitte ce pays,
Mon destin pour jamais est près de mon élève,
Eh bien donc qu'il s'achève,
Nous serons réunis,
C'en est fait, il le faut, courons vite à Paris.

LES DEUX FEMMES.

A Paris! à Paris!
Il quitte ce pays.
Quoi ! le vieux professeur peut quitter son élève !
Le destin nous l'enlève,
Il quitte ce pays.
Est-ce donc le bonheur que l'on trouve à Paris ?

SCÈNE XIX.

THÉRÈSE, MÈRE GUILLÉ, *puis* LUCIE, *entrant à gauche.*

LA MÈRE GUILLÉ.

Le diable !

THÉRÈSE.

Un ange gardien, ces deux lettres, qu'est-ce que cela signifie ?..

LA MÈRE GUILLÉ.

Pauvre bonhomme ! mais c'est lui qui a la bosse de la folie... quand il veut la donner aux autres... c'est lui qui est toqué et archi-toqué... Ah ! Mademoiselle Lucie !...

THÉRÈSE.

Quel air de tristesse ! qu'avez-vous donc Mademoiselle?..

LUCIE.

Je suis heureuse du moins de vous rencontrer toutes deux avant mon départ.

TOUTES DEUX.

Votre départ !...

LUCIE.

Avec vous je ne suis pas forcée de me contraindre, et de cacher mon chagrin, mes inquiétudes... Vous savez, n'est-ce pas que je suis chassée du château ?

TOUTES DEUX.

Chassée !..

LA MÈRE GUILLÉ.

Est-il Dieu possible ! vous not' bonne demoiselle !

THÉRÈSE.

Vous à qui je dois tant, qui m'avez appris à lire, à écrire, tout ce que je sais enfin !.. Vous qui étiez ici aimée de tout le monde... et de qui personne n'a jamais eu à se plaindre, on vous chasse !..

LUCIE.

Et je pars, et je suis sans asyle !

LA MÈRE GUILLÉ.

Sans asyle, oh ! mon Dieu ! pauvre jeunesse.

THÉRÈSE.

Mais, ma mère, est-ce que vous n'avez pas votre sœur, ma bonne tante, qui est établie maîtresse couturière à Paris, et qui sera heureuse, bien heureuse, d'être utile à mademoiselle Lucie.

LA MÈRE GUILLÉ.

Sans doute, allez la trouver de notre part, Mademoiselle.

THÉRÈSE.

Faisons mieux, il faut l'y conduire, et même pourquoi pas ? Oui ma mère, vous et moi qui sommes plus habituées au travail, qui ne sommes pas des artistes comme elle... nous travaillerons pour la faire vivre...

LA MÈRE GUILLÉ.

Certainement nous travaillerons... tu feras de la couture, elle fera ses tableaux, et moi je ferons la cuisine... chacun son état ; ça vous va-t-il, Mademoiselle?

LUCIE.

O mes amis ! mes bonnes amies !..

THÉRÈSE, *avec un soupir.*

Oui, partons... quoi que j'aie bien un petit regret à quitter ce château... mais après ce que vous avez dit, Mademoiselle... oh ! c'est un devoir de ne pas vous abandonner... Partons, partons.

SCÈNE XX.

LES MÊMES, PATUREL.

PATUREL, *entrant sur les derniers mots.*

Partir !..

THÉRÈSE.

Ah ! c'est toi, Paturel ! Tu arrives à propos... Tiens, mon garçon, tu auras trois lettres à remettre à madame.

PATUREL.

Trois lettres?

THÉRÈSE, *écrivant.*

M. le Marquis et madame la Marquise.

Air précédent.

« De grâce excusez-nous, nous partons, il le faut.
» Pour nous l'ingratitude est un affreux défaut.
» Oui, lorsqu'on a du cœur de tout on se souvient,
» Et nous suivons partout qui nous a fait du bien. »

Parlant : « Recevez nos adieux nous allons à » Paris. »

PATUREL.

A Paris ! (*Thérèse lui remet les trois lettres.*)

ENSEMBLE.

LUCIE.

A Paris, à Paris !
Oui, loin de ce pays,
Toutes deux vous voulez suivre mon infortune,
Qu'elle vous soit commune,
Je quitte ce pays,
Et l'espoir avec vous va me suivre à Paris.

PATUREL.

A Paris, à Paris !
Ell's quittent ce pays,
Quel démon ennemi
Les entr'ain' loin d'ici.
Leur fortune
Est commune,
Ell's quittent ce pays,
Et moi, mon seul espoir est d' les suivre à Paris !

LES DEUX AUTRES.

A Paris, à Paris !
Oui, loin de ce pays,
Toutes deux nous voulons suivre votre infortune,
Qu'elle nous soit commune,
Nous quittons ce pays,
C'en est fait, il le faut, courons vite à Paris.

SCÈNE XXI.

PATUREL, *seul.*

A Paris ! à Paris ! où l'on me demande sans cesse de venir ; à Paris, où je peux faire mon affaire, amasser une bonne petite somme rondelette en dix-huit mois, de manière à pouvoir dire enfin à mademoiselle Thérèse... je vous... je t'... et elle y va elle, elle va à Paris ! (*Violent coup de sonnette.*) Ah ! on sonne par là, c'est bon, on va lui répondre à la bourgeoise... (*Écrivant.*) « Mossieur et madame la Marquise.

Air précédent.

« On m'a chargé pour vous de ces lettres là,
» J'suis timid' et j'n'oserais jamais vous r'mettr' tout ça,
» J'aim' mieux vous en écrire un' quatrièm'. La v'là...
» Maint'nant avec les autres la r'mettra qui voudra. »
(*Il laisse les quatre lettres sur le guéridon.*)
A Paris, à Paris !
C'est le roi des pays ;
Jamais dans son village on ne peut étr' prophète.
Ah ! pour moi qu'elle fête,
Au diable ce pays.
En avant ! je vais fair' ma fortune à Paris !
(*Nouveaux coups de sonnette.— Il sort par le fond.*)

FIN DU PREMIER ACTE.

ACTE II.

Une chambre modestement meublée ; porte au fond ; portes latérales ; fenêtre au premier plan à droite ; cheminée au deuxième plan, à gauche ; sur cette cheminée un petit nécessaire ; des flambeaux ; une lampe ; au fond, à droite, un buffet sur lequel se trouve entre autres objets, une petite boîte ou tirelire ; à droite encore, à côté de la fenêtre, une table avec papier, encre, plume, etc ; au fond à gauche, une grande table à manger, chaises.

SCÈNE I.

THÉRÈSE (*travaillant près de la table*) . LUCIE (*entrant par le premier plan à gauche*).

LUCIE.

Toujours au travail, Thérèse !

THÉRÈSE.

Dame ! quand on n'a pas de rentes, et qu'il faut vivre...

LUCIE.

Et faire vivre les autres... car, je ne l'ai pas oublié, ma bonne amie, je ne l'oublierai jamais ; il y a deux ans que nous sommes à Paris, deux ans que ta mère et toi vous vous êtes dévouées à ma mauvaise fortune... et pendant toute la première année, inconnue, sans protection, sans appui... n'est-ce pas à vous, à vous seules que j'ai dû toute mon existence.

THÉRÈSE.

Allons, ne parlons donc pas de cela, Mademoiselle.

LUCIE.

Oh ! j'aurais été bien malheureuse, je serais morte... oui, morte de douleur et de misère sans vous... sans toi, Thérèse... qui m'empêchais de me laisser abattre... qui venais me remettre mes pinceaux à la main lorsque j'allais y renoncer pour toujours.

AIR : Vaudeville de la robe et des bottes.

Tu me disais : dans votre sort j'espère,
Votre talent m'en donne ici la foi ;
En attendant, pauvre ouvrière,
Même la nuit, tu travaillais pour moi.
Oui protégeant toujours ma destinée,
Toujours prête à me secourir,
Tu me donnais le pain de la journée,
Tu me rendais l'espoir de l'avenir.

THÉRÈSE.

Ce temps-là est passé, Dieu merci !.. et pendant la seconde année, vous avez pris votre revanche ; vos pinceaux sont devenus bien autrement productifs que mon aiguille, et pourtant que de fois il vous arrive de partager avec nous !

LUCIE.

Comme cela vous arrivait sans cesse à vous, lorsque je n'avais rien !.. Oh ! ce sera toujours moi qui vous devrai de la reconnaissance.

THÉRÈSE.

D'abord ce n'est pas mon avis, mais en supposant que cela soit, vous avez un moyen, un seul bien simple de me la témoigner.

LUCIE.

Lequel ?.. parle donc, parle vite, ma bonne Thérèse.

THÉRÈSE.

C'est d'avoir en moi un peu plus de confiance, c'est de me dire pourquoi vous êtes toujours si triste, même depuis que vous n'avez plus aucun sujet de découragement ; c'est de me dire...

LUCIE.

Thérèse, que t'importe !.. un secret...

THÉRÈSE.

Eh bien ! justement... je voudrais en être de ce secret-là. Et tenez, je gagerais, Mademoiselle, que vous l'avez dit à quelqu'un !

LUCIE.

Quelqu'un?...

THÉRÈSE.

Qui doit venir aujourd'hui même dîner avec nous.

LUCIE.

M. Gourlaud !..

THÉRÈSE.

Mon ennemi, ou plutôt, non, l'ennemi de ma physionomie. Ce n'est pas ma faute, et je ne peux pas en changer... n'est-ce pas qu'il sait tout, lui, qu'il n'ignore aucune de vos pensées, tandis que vous ne me dites rien à moi ?.. C'est mal... et quelque chose me dit là, Mademoiselle, que je saurais tout aussi bien que lui vous consoler de vos chagrins.

LUCIE.

Tu as raison, Thérèse, je vais te prouver que j'ai foi dans ton amitié, je vais t'ouvrir mon ame, et te livrer tous mes secrets. Ecoute donc !..

THÉRÈSE.

Je ne perds pas une seule de vos paroles...

LUCIE.

Lorsqu'il y a deux ans, j'ai quitté comme toi le château de Sénanges...

THÉRÈSE.

Eh bien !..

SCÈNE II.

LES MÊMES, LA MÈRE GUILLÉ.

LA MÈRE GUILLÉ, *entrant par la droite.*

Ah ! mon enfant !.. not'fille ! si tu savais...

THÉRÈSE.

Ma mère...

LA MÈRE GUILLÉ.

De la fenêtre de ma cuisine... à l'instant

même, j'avons vu, j'avons reconnu (*apercevant Lucie*) Ah!.. Mademoiselle Lucie?..

THÉRÈSE.

Après?..

LUCIE.

Vous avez vu?

LA MÈRE GUILLÉ.

Rien... du moins si peu de chose que ça ne vaut pas la peine...

LUCIE, *souriant*.

Ah! je comprends, je suis de trop entre vous deux.

LA MÈRE GUILLÉ.

Je ne disons pas ça... Mademoiselle, par exemple!..

LUCIE.

Aussi bien, je n'ai fait encore rien de la journée, et M. Gourlaud que nous attendons... toi-même, Thérèse, qui recommande toujours, ainsi que lui, l'activité et le travail... vous me reprocheriez de n'avoir pas avancé mon paysage... je vous laisse.

THÉRÈSE.

Cependant...

LUCIE.

Plus tard, ma bonne amie, je reprendrai notre entretien... et tu verras que je te crois digne de toute ma confiance. (*Elle rentre à gauche.*)

SCÈNE III.

LA MÈRE GUILLÉ, THÉRÈSE.

THÉRÈSE.

Plus tard!.. Là, comme c'est agréable, ma mère!.. vous êtes venue nous interrompre à l'instant où j'allais apprendre un secret.

LA MÈRE GUILLÉ.

Un secret!..

THÉRÈSE.

Et maintenant, quand me retrouverai-je seule avec elle?.. M. Gourlaud va venir, et ce ne sera plus que pour demain.

LA MÈRE GUILLÉ.

Oh! mais c'est que tu ne sais pas, mon enfant... je n'avons pas été maîtresse de moi... Figure-toi donc qu'en écumant mon pot au feu... je l'avons vu!..

THÉRÈSE.

Mais qui donc?

LA MÈRE GUILLÉ.

Lui!..

THÉRÈSE.

Qui?.. lui!

LA MÈRE GUILLÉ.

Eh ben! mon nourrisson.

THÉRÈSE.

M. Gustave!

LA MÈRE GUILLÉ.

Lui-même! lui, qui doit être not' gendre...

THÉRÈSE.

Encore; ah! ma mère, ma mère, ne redites donc plus cette parole.

LA MÈRE GUILLÉ.

Pourquoi ça?..

THÉRÈSE.

N'est-ce pas assez qu'un autre que moi, que ce vieux professeur l'ait entendu autrefois au château de Sénanges, et voulez-vous donc encore que mademoiselle Lucie...

LA MÈRE GUILLÉ.

Non, certainement, non, je ne le voulons pas, et je te disons à mon tour, parlons tout bas, bien bas, not' fille; mais qu'est-ce que tu veux? c'est plus fort que moi, j' croyons aux rêves, et puis aussi je croyons aux cartes... Je les avons faites à c'matin, et toujours, toujours la même réussite, le mariage du roi de cœur et de la dame de carreau.

THÉRÈSE.

Ah! la dame de carreau, c'est...

LA MÈRE GUILLÉ.

C'est toi not' fille, et le roi de cœur c'est lui. Oh! j'avons beau faire, c'te idée-là ne peut plus m'sortir d' la tête, c't' idée-là c'est la moitié de ma vie... et c'est tout simple, puisque je dormons la moitié de ma vie.

AIR, Muse des bois.

Dès que la nuit vient et qu' le sommeil me gagne,
J'voyons en lui not' gendre, et tu conçois...
Que le jour aussi voulant battr' la campagne,
Dans c' rêv' si beau j'me r'jetons malgré moi.
J'sais qu'à part toi tu trait's tout ça de folie,
Mais n'cherche plus à détruir' mon erreur;
Va, mon enfant, n'm'éveill' pas, j' t'en supplie,
Ça m' fait tant d' bien de rêver ton bonheur.
Ça m' fait trop bien, etc.

THÉRÈSE.

Pauvre mère!.. je ne vous en veux pas!.. Mais en vérité, si je n'avais pas de la tête pour nous deux!..

LA MÈRE GUILLÉ.

Oh! c'est juste! j' comptons là-dessus, moi... t'en as tant que je n'avons pas besoin d'en avoir.

THÉRÈSE.

Il ne faudrait pas s'y fier... mais enfin où donc l'avez-vous vu, lui?..

LA MÈRE GUILLÉ.

Ah! M. Gustave! ici dans la maison, au premier.

THÉRÈSE.

Au premier!..

LA MÈRE GUILLÉ.

Chez une dame.

THÉRÈSE, *à part*.

Une dame!..

LA MÈRE GUILLÉ.

Un grand déjeûner dinatoire... pour une douzaine de personnes à peu près... un déjeûner qui a commencé à midi et qui doit finir à neuf heures du soir... c'est le portier qui m'a dit ça... et puis après cela un bal, une fête ébouriffante qui durera jusqu'à demain matin, et qui se terminera par un autre déjeûner dinatoire aussi. Il paraît que dans c'te maison là on mange toute la journée; c'est encore le portier qui me l'a dit.

THÉRÈSE, *à part.*

Une dame!.. oh! mon Dieu! qu'éprouvé-je donc?..

LA MÈRE GUILLÉ.

Mais, à propos, pendant que je parlons du dîner des autres, j'oublions not' pot-bouille, à nous... et si le gigot allion brûler... vite, vite, à ma cuisine. Tu mettras le couvert, n'est-ce pas, Thérèse?..

THÉRÈSE.

Oui, ma mère...

LA MÈRE GUILLÉ.

Au surplus, Paturel doit venir t'aider... il me l'a promis... je l'ai invité...

THÉRÈSE.

Oui, ma mère.

Air : d'une Visite à Bedlam.

LA MÈRE GUILLÉ.

R'tournons à mon pot-au-feu:
Je n' somm's pas encor comtesse,
Aujourd'hui tout' ma noblesse
C'est d'êtr' dign' du cordon bleu,
C'est d' gagner le cordon bleu.
Aux rêves j' peux m'abandonner
Pour tout, sauf pour la cuisine;
Car, not' fill', c' n'est pas dîner
Que de rêver que l'on dîne.
R'tournons, etc.

(*Elle sort par la droite*).

SCÈNE IV.

THÉRÈSE, *seule.*

Une dame!.. chez une dame!.. oh! mais que m'importe après tout? est-ce que je partage, moi, est-ce que je puis partager les illusions de ma mère?.. Travaillons, je ferai bien mieux... Travailler, non, je ne puis, c'est étrange, et voilà la première fois que ça m'arrive; mon ouvrage me tombe des mains... et je n'ai plus de courage à ce que je fais; pourtant j'ai déjà perdu bien du temps à écouter ma mère... Cette pensée me poursuit sans cesse; une dame ici, dans la maison, au premier. (*Tournant les yeux vers la fenêtre à droite.*) Oh! si j'osais regarder; oui, c'est là (*s'approchant de la fenêtre*), c'est là, de beaux messieurs, de belles dames, un riche appartement, une table magnifiquement servie, des fleurs, des fleurs partout; ô ciel!.. c'est lui!.. il m'a vue!.. mon Dieu! je crois qu'il m'a vue (*elle quitte la fenêtre*); oh! mais je l'espère, il n'a pas eu le temps de me reconnaître.

LA MÈRE GUILLÉ, *au dehors.*

Thérèse, tu n'oublies pas le couvert, n'est-ce pas, mon enfant?

SCÈNE V.

THÉRÈSE, PATUREL, *entrant par le fond.*

PATUREL.

Le couvert, c'est mon affaire!.. Mamzelle Thérèse, ne vous donnez pas la peine de mettre la table...

THÉRÈSE.

Ah! Paturel!.. merci, mon ami, merci... Mais comme tu as l'air joyeux aujourd'hui?

PATUREL.

Oh! oui, oh! oui, mamzelle Thérèse. (*Chantant.*) « Je suis content, je suis joyeux! je » suis au comble de mes vœux, » aussi je ris, je pleure, je danse, je chante, je perds la caboche, ma parole d'honneur!..

THÉRÈSE.

Mais pourquoi?

PATUREL.

J'embrasse tout le monde, j'ai embrassé tous les compagnons à l'atelier, je viens d'embrasser en bas la vieille portière... et maintenant que me v'là tout seul avec vous, mamzelle Thérèse, si j'osais... mais j'ose pas... Ous'qu'est la nappe? ousque sont les assiettes?.. ah! dans le buffet... Tra la, la, la, la, la. (*Il danse en mettant le couvert.*)

THÉRÈSE, *à part.*

Qu'est-ce qu'il a donc?..

PATUREL, *chantant sans accompagnement.*

Air : Il était un matelot (*Naufrage de la Méduse*).

Il était un menuisier,
V'là déjà la napp' qu'est mise;
Il était un menuisier,
Qui songeait à s' marier.

THÉRÈSE.

Se marier!..

PATUREL.

Lors il s'en fut chez son patron,
V'là la salière,
La poivrière,
Et les fourchettes et les cuillers,
Il s'en fut chez son patron,
Lui dir' j' suis las d'êtr' garçon,
J' vous f'rai des p'tits compagnons.
V'là la moutard', les cornichons!

Là! ce n'est pas mal comm' ça; et les serviettes, et les bouteilles!.. oh! fameux! Il y en a une de petit blanc... la mère Guillé a pensé à moi. (*Il a mis la table, aidé par Thérèse.*)

LA MÈRE GUILLÉ, *au dehors.*

Thérèse, viens m'aider à retourner la broche et à éplucher la salade.

PATUREL.

La salade, la broche, ça me regarde. J'vas avec vous, mamzelle Thérèse... On y va! mame Guillé, on y va! C'est moi qui va vous servir de gâte-sauce, de marmiton; on y va! (*Dansant.*)

Que je suis content que je suis heureux
Je suis au comble de mes vœux,
Puisque j' peux pas vous embrasser
J'vas embrasser maman Guillé.

(*Ils sortent par la droite.*)

SCÈNE VI.

CHARLEMAGNE, *puis* GUSTAVE, *ils entrent par le fond.*

CHARLEMAGNE, *poussant la porte.*

Personne !.. et la porte est ouverte... Viens, cher ami, viens donc !..

GUSTAVE.

Eh bien ! cette jeune fille qui regardait tout à l'heure à la fenêtre... et que nos amis ont trouvée si jolie, où est-elle donc ?

CHARLEMAGNE.

Sans doute dans une des pièces voisines ; mais nous pouvons attendre, nous avons un prétexte tout simple : je te l'ai dit, la maison est à vendre, en ma qualité d'homme d'affaires je visite avec toi tous les appartements.... C'est un moyen facile de voir par tes yeux la petite grisette... de t'assurer si elle mérite les éloges de nos amis, et de gagner ta gageure en la décidant à venir partager notre déjeûner.

GUSTAVE.

Ma gageure !.. une folie de plus !..

CHARLEMAGNE.

Eh bien ! une de plus ou de moins, qu'importe ?

GUSTAVE.

Tu as raison, qu'importe ? Il n'y avait pour moi qu'un bonheur, un seul véritable, vivre obscur, tranquille auprès de Lucie. Lucie !.. je l'ai revue à Paris, je l'ai revue... et de nouveau je l'ai suppliée à genoux d'accepter l'offre de toute ma fortune; car, devenu pauvre, on n'aurait plus songé à faire de moi l'époux de mademoiselle de Moranges, c'est sa famille alors qui m'aurait refusée ; et Lucie a été inflexible.

CHARLEMAGNE.

C'est vrai : une vertu d'une autre époque ; je n'en ai jamais vu comme ça.

GUSTAVE.

Depuis cette entrevue elle a changé de domicile, et il m'a été même impossible de la rejoindre ; c'est alors que, dans mon désespoir, j'ai suivi tes conseils : à défaut de bonheur, j'ai cherché des distractions, du plaisir ; j'ai couru le monde, le bal, les spectacles ; j'ai cru que le bruit des fêtes, de l'orgie, parviendrait à me faire oublier mon amour, et voilà pourquoi, tout à l'heure, nous étions ensemble à ce déjeûner, auprès de cette femme, qui croit exercer tant d'empire sur mon âme... parce que je me laisse ruiner par elle... Je m'ennuyais à périr pendant que vous étiez tous si joyeux, vous autres; et j'ai saisi la première occasion venue de sortir avec toi... L'apparition d'une grisette à cette fenêtre, la gageure qui s'en est suivie ; enfin, comme tu le disais... une folie de plus !

CHARLEMAGNE.

Tais-toi !.. voici, je crois, la grisette en question.

THÉRÈSE, *en dehors.*

C'est bien, Paturel, c'est bien... je te remercie, dépêche-toi.

GUSTAVE.

Cette voix !

CHARLEMAGNE.

Il me semble aussi que je la connais...

PATUREL, *en dehors.*

Soyez paisible, mam'selle Thérèse, je tourne la broche.

GUSTAVE.

Thérèse ! (*Thérèse paraît, et pousse un cri en reconnaissant Gustave.*)

SCÈNE VII.

THÉRÈSE, CHARLEMAGNE, GUSTAVE.

CHARLEMAGNE.

La petite jardinière du château de Sénanges.

THÉRÈSE, *à part.*

C'est lui !..

GUSTAVE, *bas.*

Elle n'est pas mal.

CHARLEMAGNE, *de même.*

Je crois bien. Tu ne la remarquais pas autrefois, mais, moi, je t'ai toujours dit que je la trouvais charmante, adorable.

THÉRÈSE, *à Charlemagne qui lui prend la taille.*

Monsieur, de grâce !..

GUSTAVE, *bas.*

Que fais-tu donc ?... Je désire lui parler seul.

CHARLEMAGNE.

Mais...

GUSTAVE.

Va-t-en... je le veux !..

CHARLEMAGNE.

C'est différent !.. Gustave, tu sais que je suis bon enfant, et tu en abuses, je m'en vas. (*Bas à Thérèse.*) Je reviendrai.

THÉRÈSE, *à part.*

Comment !.. Que dit-il ?..

SCÈNE VIII.

GUSTAVE, THÉRÈSE.

GUSTAVE, *à part, en regardant Thérèse.*

En effet ! elle est jolie !.. Parmi toutes ces femmes à la mode que Charlemagne m'a fait connaître, pas une seule qui lui soit comparable !..

THÉRÈSE.

Eh bien ! comme vous me regardez, monsieur le Comte !.. et vous ne m'avez pas dit encore le motif...

GUSTAVE.

De ma visite ?.. Peux-tu me le demander, Thérèse ?.. tout à l'heure... n'étais-tu pas là ?.. (*Il montre la fenêtre.*)

THÉRÈSE.

Il est vrai !

GUSTAVE.

Les yeux fixés sur l'appartement du premier ?

THÉRÈSE.

Ah ! vous m'avez reconnue...

GUSTAVE.

Sur-le-champ !...

THÉRÈSE.

Vrai ; je ne le croyais pas.

GUSTAVE, *à part.*

Ni moi non plus ! (*Haut.*) Des traits comme les tiens, Thérèse, est-ce que cela peut s'oublier ?.. Est-ce qu'ils n'étaient pas là ?.. toujours là, toujours ineffaçables ?

THÉRÈSE.

Monsieur !

GUSTAVE, *à part.*

Je veux mourir, si je m'en suis souvenu un seul instant. (*Haut.*) Aussi quelle a été ma joie de te revoir ; toi, ma compagne d'enfance... toi, qui, dans cet heureux temps, ne tremblais pas ainsi auprès de moi.

THÉRÈSE.

M. le Comte !

GUSTAVE.

Tu ne m'appelais pas M. le Comte, tu me donnais un nom plus doux... Oui, je m'en souviens bien ; tu me disais : mon frère...

THÉRÈSE.

C'est vrai pourtant, on m'avait laissé prendre cette habitude-là ; mais, plus tard...

GUSTAVE.

Plus tard, quand je viens de te revoir, après deux ans de séparation, je me suis dit :

Air *de Gillette.*

Les jours de notre enfance
Pourront-ils revenir ?
Quand j'ai, malgré l'absence,
Gardé son souvenir,
Est-elle encor la même ?
Retrouvé-je son cœur ?
Que du moins elle m'aime
Comme une sœur,
Ah ! qu'au moins elle m'aime
Comme une sœur.

THÉRÈSE, *à part.*

Une sœur ! ô mon Dieu ! est-il vrai ? il pensait à moi, et je ne voulais pas croire ma mère, lorsqu'elle me le disait.

GUSTAVE, *à part.*

Elle est émue. (*Haut.*) Oui, Thérèse ! je veux être pour toi ce que j'étais jadis... toujours le même !

DEUXIÈME COUPLET.

Oui, ton ami, ton frère !
Pourtant quand je te vois,
Hélas, j'en désespère,
Je le sens là, pour moi,
Non, tu n'es plus la même,
Au trouble de mon cœur
Je comprends que je t'aime
Plus qu'une sœur ;
Oui, Thérèse, je t'aime
Plus qu'une sœur.

THÉRÈSE.

M. le Comte, je vous en prie, laissez-moi.

GUSTAVE.

Thérèse... tu trembles encore, et tu m'appelles toujours M. le Comte... Oh ! mais il y aura tant de persévérance dans ma tendresse, que je finirai par te convaincre... Oui, je te reverrai souvent, tous les jours.

THÉRÈSE.

Tous les jours !

GOURLAUD.

Plaît-il ?...

SCÈNE IX.

LES MÊMES, GOURLAUD.

GUSTAVE, *sans le voir.*

Et d'abord, en souvenir de notre amitié d'enfance, et comme gage d'un amour qui doit être éternel... cette bague...

THÉRÈSE.

Cette bague, des diamants !.. à moi !..

GOURLAUD, *s'avançant.*

Jamais ! Je m'y oppose, moi, Monsieur... je m'y oppose !

THÉRÈSE.

O ciel ! M. Gourlaud.

GUSTAVE.

Mon professeur.

GOURLAUD.

Quel affreux scandale !.. Parler d'amour à cette petite fille ; et lui offrir un pareil présent !..

GUSTAVE.

Et pourquoi pas, Monsieur ?

GOURLAUD.

Pourquoi pas ?.. Parce que, parce que, (*Bas*) Nous sommes ici au quatrième, et cette bague, vous l'avez promise au premier.

GUSTAVE, *vivement.*

Silence ! mon cher professeur.

GOURLAUD.

Votre professeur !.. je ne le suis plus, et vous n'êtes plus mon cher élève.

Air *du Charlatanisme.*

Tout mon pouvoir est abjuré !
Mais de colère ici je tremble ;
Car tous deux nous avons juré
De ne plus nous trouver ensemble.
Vous seul avez pu l'oublier,
Me voit-on sur votre passage,
M'arrêter jamais au premier ?
Monsieur, retournez au premier...
Vous vous êtes trompé d'étage.

GUSTAVE.

Allons ! je ne pensais pas, M. Gourlaud, que vous eussiez pu garder une rancune si profonde à vos amis.

GOURLAUD.

Mes amis !.. *vade retro, Satanas.*

GUSTAVE.

Je me retire. (*Bas.*) Adieu, Thérèse ! je reviendrai tout-à-l'heure.

THÉRÈSE, *à part.*

Il reviendra !.. comme M. Charlemagne...

SCÈNE X.

GOURLAUD, THÉRÈSE.

GOURLAUD.

O abomination de la désolation !.. N'avez-vous pas de honte, Mademoiselle...

THÉRÈSE.

Monsieur (*à part.*) Allons, vous verrez que c'est ma faute...

GOURLAUD.

Vous ne l'aurez pas cette bague, vous ne l'aurez pas, j'y mettrai bon ordre ; dès ce moment, c'est une guerre à mort entre nous deux, et j'ai la bosse de l'énergie... Mademoiselle, nous verrons si jamais...

LA MÈRE GUILLÉ, *entrant avec la soupière.*

A table, mes enfants, à table ; v'là la soupe.

PATUREL, *apportant le reste du dîner.*

Gare la graisse !.. V'là la boustifaille !

SCÈNE XI.

LES MÊMES, PATUREL, MÈRE GUILLÉ, puis LUCIE.

CHOEUR.

Air de la Lucia.

A table, bien vite, à table !
V'là l' potage quel plaisir !
Mais ça ne vaut pas le diable,
Quand on l' laisse refroidir.
(*Lucie entre.*)

LUCIE, *à Gourlaud.*

Bonjour, mon ami, je suis bienheureuse de vous voir, et je vous attendais avec impatience.

GOURLAUD.

Mademoiselle ! certainement..!

PATUREL.

Eh bien ! not' maître, à vous la place d'honneur...

GOURLAUD.

Voilà ! voilà ! (*Reprise du chœur.*)

(*Tout le monde se met à table dans l'ordre suivant : Paturel, la mère Guillé, Gourlaud, Lucie, Thérèse.*)

PATUREL.

Fameuse ! la soupe, mère Guillé... d'ailleurs j'ai un appétit d'enfer, c'est pas étonnant j' suis si heureux...

LA MÈRE GUILLÉ.

Heureux ! c'est vrai, tu viens de le dire une vingtaine de fois en tournant la broche, mais je n'avons pas compris.

PATUREL.

J'vas vous expliquer ça.., j' vas vous l'expliquer à tous... oui, à tous... je serai moins poltron devant tout le monde que devant une seule personne.

LA MÈRE GUILLÉ.

Comment ! poltron !

PATUREL.

J'y suis... continuez de manger votre potage... j'ai fini le mien. Pour lors, vous saurez donc, mère Guillé, mam'selle Thérèse et la compagnie que depuis deux ans mes affaires ont assez bien tourné, c'est tout simple, je m'étais fourré là une idée... Impossible de l'en faire sortir... Je suis têtu comme une mule, sans que ça paraisse.

Air : Adieu, mes amours (*Jeunesse orageuse*).

A tout' force j'voulais parvenir
Par mon travail, mon industrie
Et ma tâche s'est accomplie,
J'avais d' si beaux projets d'avenir ;
J'y consacrais toute ma vie.
J'étais toujours là,
Le cœur et la main à l'ouvrage
Je m' disais : bon courage.
Travaille, il n' faut qu' ça,
Aide toi... l' bon Dieu t'aidera.

DEUXIÈME COUPLET.

Mais surtout, c' qui m' donnait du cœur
C'est qu' j'ai la boss' du mariage
(*A Thérèse.*) Oui mamzell', j' sentais qu'à mon âge
Vivre seul, c' n'est pas du bonheur,
Et j' nous voyais dans notr' ménage.

THÉRÈSE, (*parlant.*)

Not' ménage !..

TOUS.

Votre ménage !..

PATUREL.

Eh ! bien, oui, puisque le mot est lâché tant pire ! v'là le secret que j'osais pas vous dire dans le temps... au pays. J' vous aime, mam'selle Thérèse... J' vous aime d'une force majeure !.. et puisque je suis sûr maintenant de pouvoir faire vivre ma femme et mes enfants, je viens devant M. Gourlaud et mam'selle Lucie vous demander en mariage à la maman Guillé.

TOUS (*se levant*).

En mariage !..

PATUREL *reprenant l'air.*

Je s'rai toujours là
Pour le bonheur de notr' ménage.
Du courage,
A l'ouvrage ;
Je s'rai toujours là.
Aide-toi, l' bon Dieu t'aidera.

Eh bien ! qu'est-ce que vous en dites, la mère Guillé ?..

LA MÈRE GUILLÉ.

Je dis... Je dis, que je n'savons pas encore, qu'il faudra voir.

PATUREL.

Comment ; il faudra voir!..

LA MÈRE GUILLÉ.

Enfin ! j'avons peut-être d'autres vues pour not' fille...

PATUREL.

De quoi !.. d'autres vues. Et vous, mam'selle vous ne répondez rien! vous n'me dites pas un mot qui m' donne de l'espérance... Est-ce qu'ainsi que Mame vot' mère vous auriez...

GOURLAUD.

D'autres vues... c'est possible !..

PATUREL, (*à Thérèse*).

Mais répondez... répondez-moi donc...

THÉRÈSE, (*à part*).

Pauvre Paturel ! si bon, si dévoué!... mais d'un autre côté lui, lui !.. (*Elle regarde du côté de la fenêtre.*)

PATUREL.

Enfin dites-moi quelque chose... vaut mieux m'assommer tout d'un coup, que de me faire languir comme ça..,

GOURLAUD.

Sois tranquille, mon garçon... Tout-à-l'heure elle va te donner une bonne réponse... j'en suis sûr... J'en fais mon affaire...

PATUREL.

Comment !..

GOURLAUD.

Mais d'abord j'ai quelque mots à dire à mademoiselle Lucie, à vous tous... Quelques mots de la plus grande importance.

THÉRÈSE, (*à part*).

Quoi donc !.. Comme il me regarde... va-t-il m'accuser devant eux...

GOURLAUD.

Asseyez-vous, je vous en prie... asseyez-vous pour m'entendre... en continuant de faire honneur au diner de Madame Guillé... Quant à moi, je n'ai plus faim.

PATUREL.

Eh bien ! moi, c'est tout le contraire, le chagrin, l'inquiétude... çà m'a creusé l'estomac, et j'ai encore plus faim que tout-à-l'heure... Allez toujours, M. Gourlaud... Je vous écoute. (*On se rassied, Paturel seul mange.*)

GOURLAUD.

Je vous ai promis, Mademoiselle, de vous apporter des nouvelles de l'héritier des comtes de Sénanges...

TOUS.

Ah ! M. Gustave.

GOURLAUD.

Vous savez, mademoiselle Lucie, pourquoi, il y a deux ans, mon élève a quitté le château... une grande passion, un amour qui devait durer toute la vie pour une jeune fille, un ange que sa famille a violemment éloigné de lui...

LUCIE.

M. Gourlaud, je vous en prie...

THÉRÈSE. (*à part, en regardant Lucie qui tressaille*).

Une jeune fille.

LA MÈRE GUILLÉ.

Une jeune fille... Mais qui donc ?..

PATUREL.

C'est vrai ? qui ça !...

GOURLAUD.

Mon élève a suivi pendant longtemps les traces de cette femme qu'il avait tant aimée ; mais depuis six mois, elle est parvenue à se soustraire à toutes ses recherches...

THÉRÈSE, *regardant encore Lucie.*

Depuis six mois!

GOURLAUD.

Et pourtant elle l'aime, la pauvre fille, elle l'aime plus sincèrement qu'elle n'en est aimée ; mais elle persiste à refuser l'offre d'une fortune qu'elle ne peut accepter d'un autre que de son mari, et qu'il n'a pas le droit, lui, de lui faire partager ce titre... Eh bien ! cette fortune qui s'est augmentée encore du double depuis la mort du marquis et de la marquise... on dirait qu'il est pressé de s'en défaire; il la livre en proie à une foule de faux amis, d'intrigants et de coquettes... Lui, si bon et si généreux autrefois, il est devenu d'abord mauvais sujet, dissipateur, libertin par désespoir d'amour, et il le demeure aujourd'hui par goût, par passion, il paraît que c'est très-dangereux de goûter de cette vie-là ; on s'y attache ; on ne peut plus s'en passer.

PATUREL.

Je crois bien, c'est comme le petit blanc, plus on en boit, plus on en veut boire. (*Il boit. On entend au dehors la voix de Charlemagne.*) A la santé de notre ami Gustave?

PLUSIEURS VOIX.

A sa santé !..

TOUS EN SCÈNE.

A sa santé. (*Tous, excepté Paturel, vont à la croisée.*)

GOURLAUD.

Il est-là au premier à table, roi d'une orgie, d'une fête, qui se donne à ses dépens... Chez une femme à la mode... mademoiselle Camélia...

TOUS.

Camélia !

PATUREL.

En v' là un nom !

GOURLAUD.

Une femme ravissante, à ce que disent ces messieurs, mais que je hais... que j'abhorre !

PATUREL.

Je comprends; vous lui trouvez une mauvaise physionomie, et sa tête ?.. Quelles bosses a-t-elle ?..

GOURLAUD.

Elle en a sept.

PATUREL.

Ah ! bah !

GOURLAUD.

Les sept péchés capitaux...

PATUREL.

Pus qu' ça d' bosses !

GOURLAUD.

Mademoiselle Camélia achève de ruiner et de pervertir mon élève ; il lui a promis ce matin même, je le sais, un de ses amis est venu me le redire ; il lui a promis une bague enrichie de diamants, qui jusqu'à ce jour ne l'avait pas quitté.

THÉRÈSE.

Une bague !..

GOURLAUD.

Celle de sa mère !..

TOUS.

De sa mère !

THÉRÈSE (*à part*).

De sa mère... Et tout-à-l'heure aussi, il me l'a offerte à moi !

GOURLAUD.

Il lui a promis encore une donation de six mille livres de rente dont il a fait préparer l'acte à son homme d'affaires, son camarade et son ennemi intime, M. Charlemagne... Quant à moi, dès l'instant où j'ai vu que le pouvoir diabolique de cet homme l'emportait sur le mien dans le cœur de mon élève... j'ai quitté la partie... Je me suis séparé de lui pour toujours... (*Paturel et la mère Guillé ont rangé la table au fond.*)

TOUS.

Pour toujours !..

GOURLAUD.

Oh ! je l'ai juré !..

PATUREL.

Eh bien ! moi, de tout ce que vous venez de dire, mon brave père Gourlaud, j' vas vous tirer une conséquence et un horoscope... c'est que M. Gustave sera ruiné. (*La mère Guillé allume la lampe qui est sur la cheminée, et l'apporte sur le guéridon, près de la fenêtre.*)

TOUS.

Ruiné !

PATUREL.

Qu'il ne trouvera chez M. Charlemagne et ses autres amis, chez mademoiselle Chamélia, la femme aux sept bosses... et ses autres maîtresses, qu'abandon et ingratitude ; qu'il sera incapable de travailler et de gagner de quoi vivre ; que celle qu'il a aimée finira par se consoler, et par en épouser un autre.

LUCIE, *à part*.

Oh ! jamais !..

PATUREL.

Au lieu que moi, pauvre diable d'ouvrier, avec mon travail, mon établi, et les petites économies que je vas déposer tous les mois à la mairie du sixième, je ne serai pas déjà un si mauvais parti !.. Est-ce pas donc, mademoiselle Thérèse ?.. est-ce pas, mère Guillé ?.. Et demain vous me permettrez de faire publier les bans.

LA MÈRE GUILLÉ.

Oui, mon garçon... oui ; j' sommes bien changée depuis le récit de M. le professeur. Oui, demain, si tu veux ; aujourd'hui, si ça s'peut...

PATUREL.

Aujourd'hui, ah ! enfin !..

THÉRÈSE.

Non, ma mère, non, Paturel ; aujourd'hui, demain, impossible.

PATUREL.

Impossible !..

THÉRÈSE.

Plus tard, nous verrons...

TOUS, *excepté Lucie.*

Plus tard !..

THÉRÈSE.

Je vous en prie, laissez-moi... je désire rester seule avec mademoiselle Lucie.

PATUREL *et* GOURLAUD.

Mais...

THÉRÈSE.

Je vous en conjure ! (*Tous deux la regardent avec étonnement. Elle leur fait encore un geste suppliant.*)

ENSEMBLE.

AIR : Adieu, bonsoir ! des Fées de Paris.

Il faut partir,
C'est son désir,
A ses vœux il faut obéir :
Pourquoi donc nous faire sortir ?
De tout cela que va-t-il advenir ?

(*Gourlaud et Paturel sortent par le fond.*)

SCÈNE XII.

THÉRÈSE, LUCIE, LA MÈRE GUILLÉ.

THÉRÈSE, *à Lucie.*

Maintenant, mademoiselle, je connais tous vos secrets...

LUCIE.

Oui, Thérèse. Tu sais pourquoi j'ai quitté le château de Sénanges. Tu sais pourquoi il y a six mois, effrayée de ses visites, et sentant à chaque instant défaillir mon courage, lorsqu'il venait me reparler de son amour, me répéter que jamais mademoiselle de Moranges ne serait sa femme ; que je porterais ce nom, moi, dès qu'il aurait atteint sa vingt-cinquième année... Je me suis rappelé encore sa mère expirante.

THÉRÈSE.

Sa mère ?..

LUCIE.

Oui, sa mère, qui me demandait de ne jamais penser à ce mariage, et j'ai voulu toujours lui obéir ; j'ai voulu, en changeant de demeure, mettre un nouvel obstacle entre lui et moi... Enfin, je viens de l'apprendre, il m'oublie à présent ; il m'oublie, et moi je n'ai jamais cessé de l'aimer, de l'aimer de toutes les forces de mon âme. Et maintenant, n'est-ce pas, tu ne me demanderas plus la cause de mon chagrin et de mes larmes... Adieu, adieu, ma bonne Thérèse.

THÉRÈSE, *à Lucie qui a gagné la porte de sa chambre.*

Mademoiselle... espérez !.. espérez !.. (*Lucie entre à gauche.*)

SCÈNE XIII.

THÉRÈSE, LA MÈRE GUILLÉ.

THÉRÈSE, *répétant les paroles de Lucie.*

Ma bonne Thérèse !..

LA MÈRE GUILLÉ.

Comment !.. c'était elle ?..

THÉRÈSE.

Oui, c'était elle, ma mère; elle qui vient de se jeter dans mes bras en pleurant, et qui m'a appelée...

LA MÈRE GUILLÉ.

Ah ! dame, mon enfant, ça change bien la thèse, vois-tu !.. et il faut bien croire à présent que les cartes sont des menteuses, que les rêves n'avont pas le sens commun; il faut avoir de la force, du courage; il ne faut plus songer à tout ça... il faut épouser Paturel... il faut...

THÉRÈSE, *prenant vivement la main de sa mère.*

Ma mère, quoi que je dise, quelle que résolution que je prenne, quelles que soient les apparences qui m'accablent et me fassent accuser, maudire par tout le monde, promettez-moi de me croire, vous, et de ne croire que moi, moi seule, d'avoir en moi, malgré tout, pleine et entière confiance, et de me soutenir, de me seconder dans tout ce que je vous demanderai.

LA MÈRE GUILLÉ.

Ah ! mon Dieu ! qu'est-ce que tu dis là ?.. qu'est-ce que ça signifie, not' fille ?

THÉRÈSE.

Ma mère, ma bonne mère... me le promettez-vous ?..

LA MÈRE GUILLÉ.

Dame ! je n'y comprenons rien... mais est-ce que je ne sommes pas habituée à te croire et à faire toujours ta volonté, ma Thérèse ?

THÉRÈSE.

Eh bien ?

LA MÈRE GUILLÉ.

Eh bien ! oui, je te le promettons, je te le jurons, s'il le faut.

THÉRÈSE.

Oh ! merci. (*A part.*) Mais il va venir, lui !.. (*Haut.*) Il se fait tard, rentrez ma mère !..

LA MÈRE GUILLÉ.

Oh ! je ne dormirons pas, j'avons trop peur de rêver maintenant... et le réveil fait trop souffrir !.. A demain, Thérèse.

THÉRÈSE.

A demain, ma mère. (*La mère Guillé entre à droite.*)

SCÈNE XIV.

THÉRÈSE *seule.*

Oui, elle a dit vrai, ma mère... le réveil !.. Ah ! celui-là est bien cruel, et j'ai besoin de toute ma résolution. (*On frappe.*) Ah !.. c'est lui !..

GUSTAVE, *en dehors.*

Thérèse, c'est moi, ton frère !

THÉRÈSE.

Mon frère !.. toujours ce mot !..

GUSTAVE.

Je t'en conjure... ouvre-moi.

THÉRÈSE, *après un instant de réflexion.*

Oui, oui, dès aujourd'hui mon projet doit s'accomplir. (*Elle ouvre.*)

SCÈNE XV.

GUSTAVE, THÉRÈSE.

GUSTAVE.

Ah ! que tu es bonne, que tu es aimable, Thérèse !..

THÉRÈSE.

Monsieur...

GUSTAVE.

Tu me permets encore de te revoir... Si tu savais combien j'ai maudit mon professeur; nous interrompre au moment où j'étais si heureux de mes souvenirs, où je te parlais de mon amour.

THÉRÈSE.

Votre amour ?

GUSTAVE.

Certainement, est-ce que tu en doutes encore ?

THÉRÈSE.

Mais n'y a-t-il pas, parmi les personnes que vous quittez, quelqu'un qui pourrait en douter aussi ?

GUSTAVE.

Quelqu'un ? que veux-tu dire ?..

THÉRÈSE.

Oh ! ce vieux professeur, dont vous vous plaignez... je lui dois de la reconnaissance, moi, il m'a ouvert les yeux, il m'a dit combien une pauvre fille comme moi devait se défier de vos protestations de tendresse; il m'a dit que tout à l'heure vous étiez aux genoux d'une autre femme, mademoiselle Camélia.

GUSTAVE, *à part.*

Elle est jalouse !.. à merveille !

THÉRÈSE.

Et que vous lui promettiez cette bague... la même...

GUSTAVE.

La même que je t'ai offerte, et que je t'offre encore, ma chère Thérèse.

THÉRÈSE.

A moi !..

GUSTAVE.

Oui, à toi, qui sera désormais ma seule pensée, l'arbitre de ma vie... Commande, dispose, ordonne; la moindre de tes volontés sera sacrée pour moi... Eh bien ! me refuses-tu ?

THÉRÈSE, *après un temps de réflexion.*

Non, M. Gustave. (*Elle prend la bague.*)

GUSTAVE, *à part.*

Comme son œil s'anime !.. Il paraît que la petite aime les bijoux.

THÉRÈSE.

Mais est-il bien vrai que vous m'aimez ?

GUSTAVE.

Quelle preuve en demandes-tu ?.. Je te le dis encore, me voilà prêt à t'obéir.

THÉRÈSE.

Eh bien ! si vous ne me trompez pas, et si j'ai en effet un peu de pouvoir, d'abord vous ne reverrez jamais cette demoiselle Camélia.

GUSTAVE.

Jamais !.. (*A part.*) Je n'y tiens pas... D'aujourd'hui, adieu son empire.

THÉRÈSE.

Et quant à cette donation d'une rente de 6,000 francs...

GUSTAVE.

Tu sais ?..

THÉRÈSE.

Je vous dis que je sais tout. M. Gourlaud...

GUSTAVE.

C'est juste.

THÉRÈSE.

Je sais que le contrat est dans les mains de votre homme d'affaires, M. Charlemagne; je sais... (*On frappe.*) Qu'est-ce donc ?..

GUSTAVE.

Quelqu'un chez toi, à cette heure.

THÉRÈSE.

Qui est là ?..

CHARLEMAGNE, *en dehors.*

C'est moi !

THÉRÈSE.

Qui, vous ?..

GUSTAVE.

Charlemagne ?..

THÉRÈSE.

Lui ! En effet... il m'a dit comme vous il y a une heure : je reviendrai... je vais lui ouvrir...

GUSTAVE, *passant à l'extrême droite.*

Oh ! le traître !..

SCÈNE XVI.

LES MÊMES, CHARLEMAGNE.

CHARLEMAGNE, *entrant sans voir Gustave.*

Oh ! je savais bien qu'avec des yeux comme les vôtres, on ne pouvait pas être inflexible, et...

GUSTAVE, *lui frappant sur l'épaule.*

Bonsoir, cher ami...

CHARLEMAGNE.

Gustave !..

GUSTAVE.

Je te remercie d'être venu me retrouver dans cette chambre.

CHARLEMAGNE.

Moi !.. je suis venu.

GUSTAVE.

Je devais m'y attendre, tu es si bon enfant !

CHARLEMAGNE.

Il est certain que je le suis; mais je ne comprends pas tout-à-fait.

GUSTAVE.

Tu as deviné que j'avais besoin de toi.

CHARLEMAGNE.

Ah ! j'ai deviné...

GUSTAVE.

N'est-ce pas ?..

CHARLEMAGNE, *regardant tour-à-tour avec stupéfaction Thérèse et Gustave.*

Oui, c'est juste, j'ai deviné... Qu'est-ce que ça signifie ?

GUSTAVE, *indiquant le guéridon à droite.*

Assieds-toi là.

CHARLEMAGNE.

Pourquoi faire ?..

GUSTAVE.

Il y a justement tout ce qu'il faut pour écrire.

THÉRÈSE, *à part.*

Quel est son dessein ?..

GUSTAVE.

Charlemagne, n'as-tu pas sur toi le contrat de rente ?..

CHARLEMAGNE.

Destiné à Mademoiselle...

GUSTAVE.

Tais-toi... Il faut...

THÉRÈSE, *vivement.*

Le déchirer...

GUSTAVE.

Non pas; refaire cet acte au nom de mon amie d'enfance, de ma jolie Thérèse, ma sœur.

THÉRÈSE.

Moi ?.. à mon nom !..

CHARLEMAGNE.

Ah bah !.. six mille francs de rentes !

GUSTAVE.

Je le veux !..

CHARLEMAGNE.

Mais c'est une folie.

GUSTAVE.

Je le veux, et je la conjure...

THÉRÈSE.

Eh bien ! vous m'avez appelée votre sœur...

CHARLEMAGNE.

Elle va refuser...

THÉRÈSE.

J'accepte...

GUSTAVE.

Ecris donc, Charlemagne. (*A part.*) Elle est charmante, et j'aime mille fois mieux me ruiner pour elle que pour l'autre.

CHARLEMAGNE, *à lui-même, tout en écrivant.*

Après tout, que ce soit elle ou Camélia... ce sera toujours une bonne maison où je serai bien reçu. (*Haut.*) Là, c'est fini, le nom est changé, voilà tout... (*Il remet la donation à Thérèse.*)

GUSTAVE.

Et maintenant, retirons-nous, Charlemagne; à demain, Thérèse.

THÉRÈSE.

Oui, à demain.

GUSTAVE.

Pour moi, l'avenir est trop beau !.. Pas une journée, une seule sans te voir.

CHARLEMAGNE, *bas à Thérèse, pendant que Gustave lui baise la main.*

Nous pourrons nous entendre ensemble, Mademoiselle, je suis bon enfant.

THÉRÈSE, *avec dignité.*

Monsieur... (*Elle réprime un mouvement d'indignation, puis regarde alternativement les deux hommes d'un air gracieux, et leur dit :*) A demain, à demain !

ENSEMBLE.

AIR : de Mila.

THÉRÈSE.

Allons, adieu, l'heure s'avance,
Il faut partir, c'est un devoir,
Mais je vous laisse l'espérance,
Messieurs, de bientôt me revoir.

GUSTAVE ET CHARLEMAGNE.

Allons, adieu, l'heure s'avance,
Il faut partir, c'est un devoir;
Mais nous emportons l'espérance,
Ici de bientôt vous revoir.

(*Ils sortent par le fond*).

SCÈNE XVII.

THÉRÈSE, *seule.*

Ils sont partis !.. Ah ! enfin !.. je respire... Cette bague, cette donation, à moi !.. à moi ! grâce ! grâce ! mon Dieu ! toi qui lis dans mon cœur, pardonne-moi d'avoir pu jouer avec eux ce personnage infâme, et donne-moi la force pourtant de le soutenir jusqu'à la fin.. Ce bijou, ce contrat... (*elle les met dans le nécessaire qui est sur la cheminée.*) Ici... Caisse d'épargne !.. et puis une autre par-là... une autre plus modeste, et moins bien garnie... (*Elle va prendre la boîte qui est sur le buffet et l'apporte sur le guéridon.*) Mettons-y mes économies de ce mois, ces 35 francs que j'irai porter demain à la mairie du sixième comme... comme lui, ce pauvre garçon, qui dans ce moment m'accuse et me maudit, sans doute... C'est à moi, bien à moi, cela ; quant au reste.. (*Regardant à la porte de gauche.*) Mademoiselle Lucie vient d'éteindre sa lumière. (*En reportant la boîte sur le buffet.*) Ma mère vient de s'endormir... (*Musique.*) On danse chez mademoiselle Camélia.. Et moi, moi, j'ai perdu toute une journée de travail... je n'en ai pas le moyen... Réparons bien vite le temps perdu. (*Elle prend son ouvrage et s'assied près du guéridon.*) Paturel !.. mon bon Paturel !..

Reprise de l'air chanté par Paturel à la scène XI.

Je suis toujours là...
Comme toi toujours à l'ouvrage,
Je me dis : bon courage !
Travaille, il n' faut qu' ça,
Aide-toi, l' bon Dieu t'aidera !

FIN DU SECOND ACTE.

ACTE III.

Même décor qu'au premier acte, mais il n'y a ni chevalet, ni établi.

SCÈNE I.

UN LAQUAIS, PATUREL *en grande redingote.* GOURLAUD.

LE LAQUAIS, *les introduisant.*

Ici, c'est ici, messieurs, qu'il faut attendre monsieur l'homme d'affaires. (*Il se retire.*)

GOURLAUD.

Comment, Paturel... toi dans ce château ?..

PATUREL.

J'y arrive à la minute.

GOURLAUD.

Et moi aussi.

PATUREL.

On m'a fait demander... un billet. (*Il le montre.*)

GOURLAUD, *en montrant un autre.*

Comme moi.

PATUREL.

Signé Charlemagne, homme d'affaires.

GOURLAUD.

Comme le mien.

PATUREL, *lisant.*

« M. Jean Paturel est prié instamment de se » trouver mercredi, » aujourd'hui, « de se trou- » ver mercredi matin au château de Sénanges ; » on désire que les ouvrages de menuiserie en- » trepris autrefois par lui, et suspendus pendant » quatre années, soient repris et achevés par » lui-même le plus promptement possible; on y » compte. On paiera sans régler les mémoires. »

GOURLAUD, *lisant.*

« Je présente mes civilités respectueuses au » savant et honorable M. Gourlaud. Mercredi » prochain il y aura grande réunion au château » de Sénanges; je suis chargé de le prier de vou- » loir bien être des nôtres, et par suite de con- » sentir à reprendre au château les fonctions » qu'il y remplissait jadis avec tant d'éclat et de » succès. » Mes fonctions!..

PATUREL.

Des travaux de menuiserie!..

GOURLAUD.

Je n'en veux pas, je refuse.

PATUREL.

Et moi aussi!.. depuis deux ans, mon brave père Gourlaud, depuis le jour où nous avons mangé la soupe ensemble, chez la mère Guillé, je refuse toujours de travailler.

GOURLAUD.

Mes fonctions... auprès de qui, je vous le demande? M. Gustave n'a plus besoin de mes leçons; il n'a plus besoin de maîtres...

PATUREL.

Il a des maîtresses!

GOURLAUD.

Je me suis dit tout cela, et cependant je suis venu... et me voilà.

PATUREL.

Toujours comme moi, en grande tenue!

GOURLAUD.

Me voilà dans ce séjour où j'ai passé quinze années de ma vie, si heureux, et présageant pour mon élève un si bel avenir... Je m'en étais fait un château en Espagne magnifique, que j'aimais à revoir et à embellir... Oui, à mesure que je croyais découvrir une qualité de plus, une vertu nouvelle dans la physionomie et les protubérances de mon élève, je l'augmentais d'une aile ou d'un étage... mon pauvre château en Espagne.

PATUREL.

Voyez-vous ça?.. croyez donc à la cranalogie!..

Air de Turenne.

GOURLAUD.

Oui tous les jours consultant son visage,
Savant docteur, j'y trouvais du nouveau,
Et je voyais, douce et riante image,
A chaque instant s'aggrandir mon château.
Il devenait plus brillant et plus beau!....
Il était là! par un instinct précoce,
Je le voyais, je l'avais deviné,
Il était là, tout dessiné....

PATUREL.

Oui, dessiné d'après la bosse.

GOURLAUD.

Et de tout cela, de toutes ces illusions, il ne me reste rien... rien, que le plaisir de lui signifier une dernière fois en face tout ce que je pense de sa conduite, de refuser toutes ses offres, et de lui dire adieu pour toujours... Voilà pourquoi je suis venu.

PATUREL.

Et moi aussi, v'là pourquoi je suis venu... Je veux l'accabler de reproches et de malédictions!

GOURLAUD.

Qui?.. mon élève?..

PATUREL.

Je veux la traiter comme la dernière des dernières.

GOURLAUD.

Mais qui donc?..

PATUREL.

Quelqu'un qui doit être ici et que je déteste; quelqu'un qui a refusé, il y a deux ans, d'être mon épouse; quelqu'un qui est la plus coquette et la plus perfide de toutes les femmes! quelqu'un que je ne veux jamais revoir... V'là pourquoi je suis venu ici, où je suis presque sûr de la trouver.

GOURLAUD.

Ah! ah! je comprends... j'y suis; la fille Guillé, cet horrible monstre de fille Guillé.

PATUREL.

Et en même temps je verrai M. Gustave, je lui dirai...

GOURLAUD.

Tiens, tu peux lui parler, le voici.

PATUREL.

Eh bien! je vas lui dégoiser tout ce que j'ai sur le cœur.

(*Gourlaud le retient, et tous deux se retirent à l'entrée de Gustave.*)

SCÈNE II.

LES MÊMES, GUSTAVE, CHARLEMAGNE, LAQUAIS.

GOURLAUD.

O mon Dieu!.. comme il est pâle!.. comme il paraît souffrir!..

PATUREL.

Souffrir!.. le grand mal!.. pourquoi qu'il

n'aurait pas sa part de malheur comme tout le monde?

(*Musique. Gustave entre des papiers à la main, suivi de Charlemagne et de quatre valets, et vient s'asseoir à droite.*)

GUSTAVE, *à ses valets.*

Vos gages! dites-vous, vos gages!.. il est vrai!.. après ce que je viens d'apprendre, cet état de mes affaires que tu viens de me remettre, Charlemagne, je ne puis plus avoir de serviteurs.

GOURLAUD, *à lui-même.*

Comment! il en est là?..

GUSTAVE, *à Charlemagne.*

Il faut les payer à l'instant, à l'instant même, puisque je suis forcé de les congédier.

CHARLEMAGNE, *froidement.*

Les payer, cela ne se peut pas, cher ami, la caisse est complètement vide.

GUSTAVE.

Que dis-tu!..

CHARLEMAGNE.

La dernière fête que tu viens de donner cette nuit même, pour faire tes adieux au château de Sénanges, avant l'entrée en possession du nouvel acquéreur...

GOURLAUD.

Le nouvel acquéreur! Qu'ai-je entendu!..

CHARLEMAGNE.

Cette fête a tout absorbé... Il y a même quelques fournisseurs qui réclament le paiement de leurs mémoires.

GOURLAUD, *à mi-voix.*

Est-il possible! ô ciel!.. Ruiné!..

PATUREL.

Eh bien! tant mieux! il n'est pas le seul.

GUSTAVE, *donnant sa bourse aux laquais.*

Tenez, mes amis, partagez-vous cela; c'est tout ce qui me reste.

GOURLAUD, *se glissant au milieu des valets, et donnant aussi une bourse.*

Prenez, c'est tout ce qui me reste aussi, à moi!

UN DOMESTIQUE.

M. Gourlaud!..

GOURLAUD.

Silence! (*Il gagne la droite.*)

GUSTAVE.

Allez, souvenez-vous qu'au temps de ma fortune, qui a trop peu duré, j'ai été pour vous bon et généreux... Et si vous voyez quelqu'un qui se plaigne de n'avoir pas été complètement remboursé par moi... dites-lui que l'héritier des Sénanges n'a plus rien à lui; qu'il est forcé de leur demander du temps pour s'acquitter envers eux. Adieu, mes amis, et priez la personne qui vient d'acquérir ce château de vous prendre à son service.

CHARLEMAGNE, *froidement.*

C'est fait!

GUSTAVE.

Déjà!..

GOURLAUD, *à part.*

Déjà!

CHARLEMAGNE.

Quoi de plus naturel, que de reprendre tous ceux qui ont l'habitude de la maison? C'est moi qui ai donné ce conseil.

GUSTAVE, *avec amertume.*

Ah! c'est juste... Tu es bon enfant, et tu pouvais conseiller quelque chose de plus encore. Après mon départ, ne peut-on donner ici de nouvelles fêtes... à mes amis... à ceux qui ont, comme mes gens, l'habitude de la maison!..

CHARLEMAGNE, *à part.*

C'est fait!.. Ce soir, ils reviendront tous ici pour la fête de mes fiançailles. (*Haut aux valets.*) Suivez-moi, j'ai quelques ordres à vous donner, au nom du nouvel acquéreur. Suivez-moi donc?..

GUSTAVE *aux valets, qui hésitent.*

Allez! vous voyez bien que votre maître, ce n'est plus moi.

ENSEMBLE.

AIR : de M. Hormille. (*Une Jeunesse orageuse.* 2e acte.)

Sur moi pèse un sort déplorable,
Adieu le bonheur, le plaisir,
Et quand l'infortune m'accable,
Loin de moi chacun doit s'enfuir,
Je n'ai plus rien, il faut me fuir!

GOURLAUD ET PATUREL.

Sur lui pèse un sort déplorable,
Adieu le bonheur, le plaisir,
Et quand l'infortune l'accable,
Tous ses amis doivent s'enfuir.
Plus de bonheur, plus de plaisir!

CHARLEMAGNE.

Du sort c'est la loi déplorable,
Sa fortune vient de s'enfuir,
Ses amis, désertant sa table,
A la nôtre vont accourir.
Pour nous seuls bonheur et plaisir!

LES VALETS.

Pour nous tous quel sort déplorable,
Plus de bonheur, plus de plaisir,
Pour jamais le destin l'accable,
Et tous ses amis vont le fuir!
Plus de bonheur, plus de plaisir!

(*Charlemagne et les domestiques sortent par le fond*).

SCÈNE III.

GUSTAVE, GOURLAUD, PATUREL.

GUSTAVE, *se croyant seul.*

Allons! il n'y a plus que moi de trop dans ce château; je vais en partir, quand j'aurai salué une dernière fois la chambre où est morte ma pauvre mère. (*Il regarde la porte à droite.*)

GOURLAUD, *s'avançant.*

Et j'irai avec vous, mon cher élève.

GUSTAVE.

M. Gourlaud!..

GOURLAUD.

Tu ne me repousseras plus maintenant, n'est-ce pas, mon pauvre Gustave?

Air : de Teniers.

Oui, c'est bien moi, ton Mentor et ton guide,
Ton ami qui t'ouvre ses bras.
Si tout le monde est ingrat et perfide,
Moi du moins, je ne le suis pas.
Oui, j'ai dû fuir ton luxe et ta richesse,
Un peu d'orgueil avait brisé mon cœur;
Mais je reviens au jour de la détresse
Te demander ma part de ton malheur.
Ami, je veux ma part de ton malheur.

GUSTAVE, *l'embrassant.*

Ah! mon ami, mon seul ami.

PATUREL.

Eh bien! qu'est-ce que j'ai donc?.. J'étais furieux, et v'là que je pleure!.. Est-on bête!..

GUSTAVE, *l'apercevant.*

Ah! te voilà, toi; es-tu toujours mon ennemi?.. Crois-tu toujours que je t'aie enlevé ta future?..

PATUREL.

Bédame! C'est à cause de vous qu'elle a refusé d'être mon épouse; c'est à cause de vous que je suis le plus malheureux des hommes...

GUSTAVE.

Tais-toi!.. Le plus malheureux, quand j'ai perdu à jamais le cœur de Lucie, moi.

PATUREL.

Ça, c'est vrai, perdu pour vous; je l'avais prédit, et il n'y a pas de mal.

GOURLAUD.

En effet, si, d'une part, mon pauvre Gustave, vous n'avez que trop bien réussi à rompre les projets d'alliance entre vous et mademoiselle de Moranges; si sa famille, à la nouvelle de votre ruine, a pu se croire dégagée de sa parole, et songer pour elle à un autre mariage, mademoiselle Lucie, de son côté, a dû éprouver la même colère... Ah! pardon, le même éloignement pour vous, en apprenant toutes vos folies. Quant à elle, quatre ans d'études et de travaux lui ont acquis dans son art une réputation méritée. Aujourd'hui, un de nos peintres les plus célèbres et les plus opulents, lui demande sa main, et...

PATUREL.

Et elle la lui donnera; elle fera bien... elle sera millionnaire... Tandis que vous... il n'y a pas de mal.

GUSTAVE.

Lucie! la femme d'un autre; oh! oui, cela devait être; je ne m'en plaindrai pas, car, désormais, je me sens trop indigne d'elle.

PATUREL.

Et, d'ailleurs, vous aurez, pour vous consoler, l'amour de mademoiselle Thérèse.

GUSTAVE.

Thérèse!..

PATUREL.

Je vous conseille de vous y fier, et vous le garderez longtemps, son amour.

GUSTAVE.

Ecoute, Paturel, je te jure qu'elle n'a jamais été ma maîtresse.

PATUREL.

Jamais!.. vous osez me dire...

GUSTAVE.

Mais, si elle t'a méprisé, elle s'est jouée de moi de la manière la plus infâme... Oh! vous seul, mon cher professeur, vous seul aviez bien deviné cet odieux, cet infernal caractère.

GOURLAUD.

N'est-ce pas? *monstrum horrendum*!

PATUREL.

Horreur d'homme!.. Dites donc horreur de femme!

GUSTAVE.

Oui, vous aviez raison, avide, fourbe et coquette; j'en ai la preuve, enfin.

GOURLAUD.

Ah! j'en étais sûr...

PATUREL.

Vous en avez la preuve?

GUSTAVE.

Depuis le jour où vous m'avez surpris chez elle lui offrant cette bague.

PATUREL.

Cette bague!.. laquelle donc de bague?

GUSTAVE.

Depuis ce jour elle n'a cessé d'employer avec moi, pour obtenir de nouveaux présents, les manèges de la coquetterie la plus adroite et la plus habile; elle m'a fait rompre avec Camélia, rompre avec toutes mes maîtresses, et elle a pris sur moi plus de pouvoir que n'en avait jamais eu aucune d'elles; elle s'est emparée non de mon cœur, qui ne pouvait appartenir à d'autre qu'à Lucie, mais de mon amour-propre, qui s'irritait sans cesse des sacrifices inutiles que je faisais pour elle, et des railleries de mes amis... Oui, cet empire étrange, incroyable, elle l'a gardé, surtout en me rebutant toujours, en m'accordant à peine un sourire, lors même que je venais de jeter entre ses mains mon or et mes contrats de rentes.

PATUREL.

De l'or!.. des contrats!..

GUSTAVE.

C'est là surtout, mon cher maître, c'est là qu'a passé ma fortune; et si je suis ruiné, c'est par elle, par elle seule.

TOUS DEUX.

Par elle!..

GUSTAVE.

Et la personne qui vous fait demander maintenant l'un et l'autre, qui a fait, à l'aide de ce damné Charlemagne, l'acquisition de mon château; la personne qui m'a fait remettre ce matin, pour paiement de ce riche domaine, des créances signées par moi, et qu'elle avait rachetées à vil prix...

TOUS DEUX.

Eh! bien, cette personne?..

GUSTAVE, *montrant Thérèse qui entre.*

Tenez, regardez, la voilà, c'est elle! (*Thérèse, en toilette de ville, donne la main à Charlemagne; sa mère est ridiculement endimanchée.*)

GOURLAUD ET PATUREL.

Thérèse!..

SCÈNE IV.

LES MÊMES, THÉRÈSE, CHARLEMAGNE, LA MÈRE GUILLÉ.

PATUREL.

Comment! c'est elle qui est la propriétaire?..

CHARLEMAGNE.

Elle-même.

CHOEUR.

AIR : Assez dormir ma belle.

C'est affreux! c'est infâme!
Croirait-on qu'une femme,
Sous cet air de douceur,
De candeur, d'innocence,
Aurait tant d'impudence!
Vraiment, c'est une horreur!

GOURLAUD.

Mais, patience, nous avons des lois, des tribunaux, et dès cet instant, moi, Anastase Gourlaud, docteur dans toutes les sciences, je vais porter plainte pour mon élève.

CHARLEMAGNE, *froidement.*

Allez, monsieur Gourlaud, allez... nous sommes parfaitement en règle; des contrats stipulés de la manière la plus légale et la plus authentique; des donations faites par un homme de plus de vingt-un ans, libre et maître de toutes ses actions; et comme la demoiselle Thérèse était mineure, ce n'est pas à son nom, mais à celui de sa mère que nous avons fait tous nos actes.

PATUREL ET GOURLAUD.

De sa mère!..

CHARLEMAGNE.

Si nous avons placé heureusement, et augmenté encore dans des spéculations certaines, et pour lesquelles on a bien voulu s'en rapporter à moi, cette fortune qui nous a été légalement donnée, nous n'en devons compte à personne; sans nous, ces biens étaient perdus pour tout le monde, et du moins ils appartiennent maintenant à une mère de famille respectable.

GOURLAUD.

Respectable!..

CHARLEMAGNE.

Qui ne mourra pas sans avoir établi sa fille d'une manière avantageuse; nous ne craignons aucune menace, aucune enquête, et notre conscience est tranquille.

GOURLAUD.

Ah! c'est vous surtout, madame Guillé, digne mère de la fille Guillé, c'est vous qui êtes coupable... et qui méritez les reproches et les malédictions de tout le monde.

LA MÈRE GUILLÉ.

Moi! mais je ne comprends rien à tout ça, je ne savons pas...

THÉRÈSE.

Ma mère!..

LA MÈRE GUILLÉ.

Oh! laisse-moi parler, not' fille... ou alors dis-moi la vérité, dis-moi c' qu'il faut que j' pensions de tout c' qui s' passe, de tout ce que nous avons fait toutes deux. Tu m'as dit qu'il fallait accepter... j'avons accepté, ce n'est pas difficile.. Qu'il fallait signer... j'avons signé... c'est tout ce que je savons faire en fait d'écriture; et toutes les fois que je t'avons dit comme aujourd'hui : qué qu' c'est qu'ça? à quoi qu'ça tourne?.. où c' que nous allons?.. Je savons c' que j' fais, maman, et un jour tu m'en remercieras... Le jour doit être venu, et je ne t'en remercions pas.

THÉRÈSE.

Au nom du ciel!..

LA MÈRE GUILLÉ.

Non, t'as beau faire, ça devient trop fort, et j' n'y tenons plus; je ne pouvons pas supporter qu'on me méprise et qu'on méprise mon enfant... Je cherchons un motif, une excuse à toute ta conduite; et puisque t'as pu comme ça accepter, tirer à toi toute la fortune de M. le comte... dame, je ne voyons... je ne pouvons supposer qu'une chose... c'est que... eh bien! oui, là; puisque c'est fini du côté de mamzelle Lucie, et qu'elle est au moment d'en épouser un autre, c'est que tu veux être sa femme!..

TOUS.

Sa femme!..

THÉRÈSE.

Non, ma mère, non... vous vous trompez, je vous le jure, et ce n'est pas là mon intention.

GOURLAUD.

C'est heureux!..

GUSTAVE.

Ni la mienne, vous devez le croire, mademoiselle... Même lorsque vous exerciez sur moi le plus d'empire, même lorsque je vous étais asservi au point de vous abandonner pièce par pièce toute ma fortune, rendez-moi cette justice, que je ne vous ai jamais parlé de vous appeler ma femme?..

THÉRÈSE, *réprimant un mouvement de douleur.*

Jamais!.. il est vrai, monsieur le Comte.

CHARLEMAGNE.

Très-vrai... vous l'appeliez votre sœur, et vous ne devez pas trouver étrange, Monsieur, que peu à peu, en vous entendant sans cesse lui répéter que vous l'aimiez en frère, elle se soit habituée à croire qu'elle était libre d'avoir de l'amour pour un autre.

TOUS.

Un autre!..

PATUREL.

Qui ça?.. moi?.. excusez!..

CHARLEMAGNE, *regardant Thérèse avec une tendresse affectée.*

Un autre qui n'a jamais cessé de l'aimer, et

qui même quand elle ne posséderait rien, quand elle serait tout simplement comme autrefois la petite jardinière du château de Sénanges, avec son petit bonnet et sa petite robe de toile, qui lui allait si bien !.. l'aimerait encore, et serait heureux et fier de l'appeler sa femme.

PATUREL.

C'est-il de moi que vous parlez, m'sieu l'arrangeur d'affaires ?., c'est-il moi qui serais soi-disant heureux et fier de l'appeler...

CHARLEMAGNE.

Non pas, c'est moi !

PATUREL.

Vous ?..

TOUS.

Lui !..

LA MÈRE GUILLÉ.

Oh ! pour le coup !.. c'est trop fort !.. et jamais...

THÉRÈSE, *bas.*

Ma mère !.. et votre serment !

GUSTAVE.

Ah ! la fin couronne l'œuvre !.. Vous son époux, vous qui l'avez aidée à consommer ma ruine... c'était là le digne prix de vos services, et je devais m'y attendre. Allons, mon cher maître, plus de plaintes, plus de reproches... ce serait nous mettre à leur niveau de leur en adresser davantage. Seulement, M. Charlemagne, et vous mademoiselle, je me souviens qu'aux termes de notre contrat de vente, c'est dans une heure seulement que vous devez prendre possession du château... Veuillez jusque-là, je vous prie, m'épargner le chagrin de votre présence...

CHARLEMAGNE, *tirant sa montre et regardant l'heure.*

C'est juste, vous êtes légalement dans votre droit ; et d'ailleurs, on doit des égards à l'infortune... je suis bon enfant. Venez, venez, ma chère future.

LA MÈRE GUILLÉ.

Eh bien ! Thérèse, tu ne parles pas ? tu ne dis rien pour te défendre... pour prouver à tous que j'avons eu raison de te croire ?.. Voyons... parleras-tu ?..

THÉRÈSE, *à part.*

Lucie n'est pas encore venue !.. (*Haut.*) Non, ma mère, non, je n'ai rien à dire... rien !

LA MÈRE GUILLÉ.

Ah ! Thérèse ! Thérèse, tu me feras mourir de honte et de douleur !..

(*Reprise du chœur d'entrée*).

SCÈNE V.

GUSTAVE, GOURLAUD.

GOURLAUD.

On a beau être oracle, il y a des choses qu'on ne peut pas prédire, qu'on ne peut pas croire, même quand on les a vues ; ma tête se détraque, je suis étourdi, abasourdi, pétrifié ! (*Il tombe sur un fauteuil à gauche.*)

GUSTAVE.

Mon ami, rappelez-vous les préceptes que vous donniez autrefois à votre élève : « Ne sois pas trop fier dans la prospérité, ne sois pas trop faible dans le malheur. » Si j'ai pu oublier la première de vos leçons, je me souviens de la seconde... Venez, mon ami, venez...

GOURLAUD, *se levant, en regardant.*

Dans cette chambre... oh ! oui, près d'elle... je l'oubliais... ta mère. La pauvre femme, quelle douleur pour elle, si de là-haut elle peut voir encore tout ce qui se passe, et la scélératesse de cette petite Thérèse.

Air : Aux braves Hussards du dernier c.

Viens avec moi, viens donc près de ta mère.
Dans cette chambre, hélas ! je m'en souviens,
J'ai fait serment à son heure dernière,
D'être toujours ton appui, ton soutien,
Et son enfant est devenu le mien.
Viens, que pour toi, Gustave je l'implore,
Oui par le sort quand tes vœux sont trahis,
Moi, je vais lui jurer encore
De ne jamais abandonner son fils

(*Ils entrent à droite.*)

SCÈNE VI.

PATUREL seul, puis LUCIE.

PATUREL, (*qui a disparu un instant pendant la la scène précédente, et qui vient de revenir pendant les derniers vers du couplet*).

Dans sa misère, il est heureux encore, lui, il a un ami, un vieil ami, c'est vrai... mais enfin c'est toujours ça. Et moi, ni jeune, ni vieux, ni entre deux âges, ni d'un sexe, ni d'un autre... personne qui songe à moi, qui me plaigne... non, personne.

(*Le domestique introduit Lucie qui vient déposer son châle et son chapeau sur un fauteuil à gauche ; puis, lorsqu'elle va s'asseoir, elle aperçoit Paturel.*)

LUCIE.

Paturel !

PATUREL.

Mademoiselle Lucie !

LUCIE.

Oui, moi, qui ai reçu de l'homme d'affaires une lettre.

PATUREL.

Ah ! comme nous tous.

LUCIE.

Où l'on me prie de venir achever le portrait de Madame la comtesse de Sénanges, auquel vous m'avez vu travailler ici même, il y a quatre ans.

PATUREL.

C'est vrai... Eh bien ?

LUCIE.

Eh bien !.. je sais à qui maintenant appartient ce château ; je sais quelle est la personne qui veut avoir ce portrait...

PATUREL.

Thérèse.

LUCIE.

Oui, Thérèse, que, pendant longtemps, j'ai crue digne de mon amitié...

PATUREL.

Et moi, de mon amour.

LUCIE.

Thérèse, aujourd'hui devenue si méprisable, et qui a si cruellement trompé tout le monde. Mais ce tableau qu'elle réclame, il est à moi, bien à moi ; c'est ma propriété d'artiste, et je ne veux pas la lui abandonner... Ce tableau, je viens le réclamer, le reprendre, le briser, s'il le faut, plutôt que de le laisser à Thérèse...

PATUREL.

Bien, Mademoiselle !.. très-bien !.. bravo !.. Enfin, v'là donc quelqu'un avec qui je pourrai m'entendre.

LUCIE.

Que dites-vous ?

PATUREL.

Je dis, .. je dis que je me plaignais tout-à-l'heure de n'avoir personne au monde à qui parler d' mes chagrins... et vous v'là, vous qui avez les vôtres de la même espèce, et qui m' comprendrez...

LUCIE, *s'éloignant de lui.*

En effet, Thérèse, Gustave.

PATUREL.

Là, vous voyez bien... ces noms, ce sont les deux mêmes que je prononce toujours avec colère, avec douleur... les noms des deux personnes qui nous ont rendus malheureux l'un et l'autre... chacun de not' côté... Vous voyez bien que vous devez m' comprendre.

AIR : L'amour ainsi qu'la nature.

Vous êtes un' demoiselle
Distinguée autant que belle,
Moi j'ignor', pauvre garçon,
L' beau langage et le bon ton ;
Pourtant mon sort déplorable,
J'en suis sûr, vous touchera,
Notre infortune est semblable,
Ça rapproch' ces distanc's-là.

LUCIE, *se rapprochant de lui.*

Oui, mon ami, vous avez raison... parlez... J'ai trop souffert, moi, pour ne pas avoir pitié de vos souffrances.

PATUREL.

J' n'ai plus de cœur à rien... rien de rien... car, pour moi, n'y a plus d' bonheur dans la vie, plus d'espérance !.. Aussi peu à peu, quand j'ai vu que j'étais dédaigné, méprisé par Thérèse, j'ai suivi l'exemple de M. Gustave.

LUCIE.

Comment ?

PATUREL.

J'ai laissé à vau-l'eau tous mes beaux projets de sagesse. Je suis devenu comme lui dissipateur, libertin, mauvais sujet, pour me distraire... et je ne me suis pas distrait ; j'ai toujours pensé à elle qui ne pensait plus... ou qui plutôt n'avait jamais pensé à moi... Plus d'ordre, plus de raison, plus d'économie... j'ai changé de caisse... j'ai retiré tous mes fonds de la mairie du sixième, et, petit à petit, quand ils ont évu filé, mes fonds... c'est mes effets que j'ai placés ailleurs... chez la femme à mon oncle, une parente que vous ne connaissez pas, et que je vous souhaite de ne jamais connaître... et j'ai tout mangé, tout bu, jusqu'au boni, à la Courtille, à l'Ile-d'Amour, à l'Elysée-Montmartre, chez Desnoyers et chez Passoir, partout où j'espérais rire, m'amuser et faire des connaissances. Ah ! bien, oui, nulle part !.. nulle part !.. j' peux pas m'amuser, j' peux pas rire... j' peux pas aimer... ni même faire semblant d'aimer une autre femme... et j' peux pas m' griser, quoique je fasse tout ce qu'il faut pour çà... Le vin m'étouffe, il me fait mal, mais il ne me fait rien oublier... je suis malade, mais je ne suis pas gris... Enfin, enfin, mam'selle, vous voyez en moi le plus malheureux de tous les hommes.

LUCIE.

Mon ami, je vous plains... et je n'ai pas la force de vous adresser des reproches ; pourtant, n'est-ce pas une consolation, dites-moi, de lutter contre le malheur, et, même au milieu des chagrins les plus cruels, de prouver sans cesse, par sa conduite, qu'on ne les a pas mérités ?

PATUREL.

Plait-il !

LUCIE.

Croyez-vous qu'on ne retrouve pas alors, dans sa conscience et dans l'estime des autres, un adoucissement à ses peines...

PATUREL.

Mais, mam'selle...

LUCIE.

Pendant les quatre ans qui se sont écoulés depuis mon départ de ce château, ma douleur n'a pas été moins grande que la vôtre ; car je l'aimais, lui, je l'aime encore plus peut-être que vous n'aimez votre Thérèse...

(*Gustave et Gourlaud paraissent sur le seuil de la porte à droite.*)

SCÈNE VII.

LES MÊMES, GUSTAVE, GOURLAUD.

GUSTAVE, *bas à Gourlaud.*

Lucie !.. Que dit-elle ?

GOURLAUD, *de même.*

Écoutez, écoutez...

LUCIE.

Et pourtant jamais je ne me suis laissée abattre, jamais je n'ai voulu donner raison à ma mauvaise destinée... Je m'étais dit que c'était à moi, à moi seule que je voulais devoir toute mon existence, et j'y suis parvenue... Mes pinceaux me suffisent, ils sont devenus, dans mes mains, une fortune, et mieux encore, ils sont cause que l'on me considère... J'ai eu des succès, mon nom n'est plus tout-à-fait obscur et ignoré comme autrefois ; peu à peu la renommée, la voix publique va le rendre noble à son tour, et cette noblesse-là en vaut une autre... Je l'ai compris, lorsqu'un artiste célèbre est venu m'offrir de partager sa destinée ; j'ai été fière de cette marque d'estime, elle a été mon premier bonheur depuis quatre ans ; et pourtant... j'ai refusé en songeant à Gustave.

GUSTAVE.

A moi !..

PATUREL.

Vous êtes un ange ! Tandis que Thérèse, c'est Satan, c'est Belzébuth en cotillon !..

LUCIE.

Oui, en songeant à lui, lui qui fut bien coupable, mais que le ciel en a si cruellement puni Privé à jamais de l'héritage de ses pères ! Oh !

que je serais heureuse, moi, de lui faire accepter la moitié de cette fortune que je dois à mon travail... Que je serais heureuse, lorsque la volonté de sa mère ne pèse plus sur ma vie, de lui prouver enfin, de lui prouver que je l'ai toujours aimé pour lui-même, et rien que pour lui-même...

GUSTAVE, *à ses genoux.*

Lucie! ma chère Lucie!..

LUCIE.

Ah! M. le Comte.

PATUREL.

Il était là!

GUSTAVE.

Oui, là; j'ai tout entendu; et, à ta voix, j'ai achevé de reprendre toute ma résolution, toute mon énergie... Oui, Lucie! je suivrai ton exemple; et lorsqu'une femme, à force de persévérance, a pu se créer un avenir... je saurai bien m'en faire un aussi, moi, je te le jure... Je serai digne de toi. (*Musique, trois heures sonnent.*) Ah! l'heure est venue, où je n'ai plus le droit de rester dans ce château. Sortons à jamais de cette demeure qui me rappelle de si tristes souvenirs. (*Se tournant vers la droite.*) Adieu, adieu! ma mère! Viens... Lucie, mon amie, ma femme! Partons! partons!

THÉRÈSE, *paraissant au fond, en paysanne, ainsi que sa mère. Costumes du premier acte.*)

Non! restez.

TOUS.

Thérèse!

GOURLAUD.

La fille Guillé! encore!..

SCÈNE VIII.

LES MÊMES, THÉRÈSE ET LA MÈRE GUILLÉ.

THÉRÈSE.

Restez!.. C'est à moi de partir! à moi et à ma mère, si vous l'exigez.

TOUS.

Comment?.. Que dit-elle?..

THÉRÈSE, *à Gustave.*

Tenez, ces papiers, ils sont à vous.

GUSTAVE.

A moi!..

LA MÈRE GUILLÉ.

Prenez-les donc, et lisez... Lisez, M. le Comte.

GUSTAVE, *les parcourant.*

La vente de ce château... annullée... Les titres de tous mes biens rétablis à mon nom.

PATUREL.

Hein?.. Qu'est-ce que j'entends?

LUCIE.

Est-il possible!..

GOURLAUD.

Comment! Vous lui aviez pris toute sa fortune, pour...

THÉRÈSE.

Pour la lui rendre... oui, la lui rendre, après l'avoir arrachée des mains de ceux qui voulaient s'en emparer; si j'ai trouvé en moi assez de force et de patience pour achever mon ouvrage... Elle m'a soutenue, elle que j'appelais toujours à mon aide; elle qui, autrefois, M. le Comte, a fait relever la maison de mon père, lorsqu'elle était renversée.

GUSTAVE.

Ma mère!..

THÉRÈSE.

Oui, votre mère...

Air: *Je n'ai pas vu ces bosquets de lauriers.*

Si quelquefois je me sentais faiblir
Devant cet affreux personnage,
Que chaque jour il me fallait remplir,
Si par moment j'allais perdre courage,
Contre moi-même et contre vos mépris,
Moi, j'invoquais son appui tutélaire;
Par elle enfin mes vœux sont accomplis,
Enfin, j'ai pu sauver son fils
Comme elle avait sauvé mon père!

Voilà, M. Gourlaud, à quoi j'ai appliqué cet esprit de ruse et de fourberie que vous avez si bien découvert en moi; voilà les titres des biens et des propriétés de votre élève. Voilà enfin le premier don que j'ai reçu de vous, M. le comte, cette bague, cette bague de votre mère... que je ne veux pas vous rendre... Non, elle appartient à votre femme. (*Elle la remet à Lucie.*)

LUCIE.

Thérèse, mon amie...

GUSTAVE.

Vous!.. vous que j'accusais, que j'accablais d'outrages!.. Ah! pardon!.. pardon, Thérèse.

PATUREL.

Je suis ébahi... stupéfait... je ne sais plus si je suis bien éveillé. (*Thérèse lui tend la main.*) Ah! je ne dors pas, c'est elle, et voilà la bonne mère Guillé.

GOURLAUD.

Oui, l'excellente mère Guillé.

LA MÈRE GUILLÉ.

Vous ne nous en voulez donc plus, M. le Docteur?

GOURLAUD.

Je vous admire... oui, toutes les deux, je vous admire, mère et fille Guillé; mais c'est égal, j'en suis encore pour ce que je disais... Vous avez la protubérance de la ruse, de la finesse. Et voyez un peu! si les femmes peuvent être si habiles à nous tromper pour notre bien, comme elles doivent être dangereuses quand elles veulent nous faire du mal.

PATUREL.

Jamais... jamais, elles ne nous font de mal, les femmes... Thérèse! ma chère Thérèse... Ah! voilà que je pleure de joie, à présent. (*Voyant entrer Charlemagne.*) Eh bien! qu'est-ce qu'il veut encore, celui-là... le dérangeur d'affaires...

SCÈNE IX.

LES MÊMES, CHARLEMAGNE.

CHARLEMAGNE, *sa montre à la main.*

M. le Comte, mademoiselle Thérèse Guillé

est désormais seule propriétaire de ce château, et tous nos amis vont s'y rendre pour la fête de nos fiançailles...

PATUREL.

Leurs fiançailles !.. Ah ! mon Dieu, je l'avais oublié... Sa femme! elle doit être sa femme!..

THÉRÈSE.

En effet, je l'ai promis.

CHARLEMAGNE.

Le contrat est prêt, ma jolie future... Eh bien ! quelle bizarrerie? et pourquoi ce costume?...

THÉRÈSE.

Pourquoi?.. ne m'avez-vous pas dit que vous m'aimeriez toujours, que vous seriez heureux et fier de m'épouser quand même je ne posséderais rien... quand je serais tout simplement comme autrefois la petite jardinière, avec mon petit bonnet, et ma petite robe de toile... qui me va si bien... vous l'avez dit...

CHARLEMAGNE.

Eh bien !

THÉRÈSE.

Eh bien, épousez-moi donc, car j'en suis là... je n'ai plus autre chose...

CHARLEMAGNE.

Comment!.. Que signifie !..

GUSTAVE (*lui montrant les papiers.*)

Tiens, cher ami!.. (*hésitation de Charlemagne; tous lui font signe de lire.*)

CHARLEMAGNE.

Une restitution !

THÉRÈSE.

Je vous remercie, M. Charlemagne, de m'avoir aidée à sauver la fortune de votre ami...

CHARLEMAGNE

Ah!.. je vous ai aidée...

LUCIE.

C'est bien.

LA MÈRE GUILLÉ.

C'est très bien!.

GOURLAUD.

C'est admirable.

PATUREL.

C'est mirobolant!

GUSTAVE.

Et tu peux compter, mon cher camarade, que je n'oublierai jamais ta belle conduite envers moi et que ma reconnaissance...

CHARLEMAGNE.

Du tout, du tout, il n'y a pas de quoi... je suis bon enfant... voilà tout... (*à part.*) Je suis volé...

THÉRÈSE.

Et maintenant, pour ce contrat de mariage...

CHARLEMAGNE.

Oh! rien ne presse... Tant d'émotions dans un seul jour... Plus tard, nous verrons... J'ai bien l'honneur de vous saluer. (*Il sort.*)

SCÈNE X.

LES MÊMES, *excepté* CHARLEMAGNE.

PATUREL.

Dites donc, monsieur Charlemagne, bien des choses chez vous !

GUSTAVE.

Mes amis, mes bons amis... vous partagerez avec nous; oui, la moitié de mes biens à celle qui les a conservés.

THÉRÈSE.

Non, oh! non, je refuse à présent, M. le Comte, je refuse, c'est sans intérêt que je veux avoir sauvé mon frère: d'ailleurs, je ne suis pas tout-à-fait sans ressource... sans dot... Lorsque j'employais mes journées, M. Gustave, à vous ménager malgré vous et sans vous le dire quelques économies... la nuit je veillais pour songer aux miennes. Je suivais tes conseils, Paturel, pendant que tu les oubliais toi qui me les avais donnés... et tiens, prends.. (*Elle lui donne un petit livret.*)

PATUREL.

Qué qu' c'est que ça?

THÉRÈSE.

Ça, je te l'ai dit, c'est ma dot, c'est mon livret de la Caisse d'épargne.

CHOEUR.

Air chanté au deuxième acte.

Soyons toujours là.
Oui, pour le bonheur du ménage
Du courage!
A l'ouvrage!
Travaille, il n' faut qu' ça.
Aide-toi, l' bon Dieu t'aidera.

THÉRÈSE *au Public.*

Mais pour que je voie, à la fois,
Tout mes espérances remplies,
Messieurs, fait's des économies,
Et venez les placer parfois
A la Caiss' d'Épargn'... des Folies! *
Nous s'rons toujours là,
Toujours empressés à vous plaire;
Notre Dieu tutélaire
Est là,
Le voilà...
Aidez-nous... l' ciel nous aidera!

* N. B. *Pour la province, remplacer ces trois vers par ceux-ci:*

Messieurs, fait' grâce à nos folies,
Et dans notre caisse parfois
V'nez placer vos économies...

FIN.

S'adresser pour la musique, à M. COUDER, chef d'orchestre, au théâtre des Folies-Dramatiques.

IMPRIMERIE DE A. HENRY, RUE GIT-LE-CŒUR, 8.

www.ingramcontent.com/pod-product-compliance
Ingram Content Group UK Ltd.
Pitfield, Milton Keynes, MK11 3LW, UK
UKHW020222200726
13856UKWH00004B/1561